Dialogismo e ironia
em *São Bernardo*,
de Graciliano Ramos

FUNDAÇÃO EDITORA DA UNESP

Presidente do Conselho Curador
Herman Jacobus Cornelis Voorwald

Diretor-Presidente
José Castilho Marques Neto

Editor Executivo
Jézio Hernani Bomfim Gutierre

Conselho Editorial Acadêmico
Alberto Tsuyoshi Ikeda
Áureo Busetto
Célia Aparecida Ferreira Tolentino
Eda Maria Góes
Elisabete Maniglia
Elisabeth Criscuolo Urbinati
Ildeberto Muniz de Almeida
Maria de Lourdes Ortiz Gandini Baldan
Nilson Ghirardello
Vicente Pleitez

Editores Assistentes
Anderson Nobara
Fabiana Mioto
Jorge Pereira Filho

ROGÉRIO GUSTAVO GONÇALVES

DIALOGISMO E IRONIA EM *SÃO BERNARDO*, DE GRACILIANO RAMOS

© 2012 Editora UNESP

Direitos de publicação reservados à:
Fundação Editora da UNESP (FEU)
Praça da Sé, 108
01001-900 – São Paulo – SP
Tel.: (0xx11) 3242-7171
Fax: (0xx11) 3242-7172
www.editoraunesp.com.br
feu@editora.unesp.br

CIP – Brasil. Catalogação na fonte
Sindicato Nacional dos Editores de Livros, RJ

G624d

Gonçalves, Rogério Gustavo
Dialogismo e ironia em *São Bernardo*, de Graciliano Ramos / Rogério Gustavo Gonçalves. São Paulo: Editora Unesp, 2012.

Inclui bibliografia
ISBN 978-85-393-0357-1

1. Ramos, Graciliano, 1892-1953. *São Bernardo*. 2. Ramos, Graciliano, 1892-1953 – Crítica e interpretação. 3. Literatura brasileira – História e crítica. 4. Análise do discurso literário. I. Título.

12-6764
CDD: 809
CDU: 82.09

Este livro é publicado pelo projeto Edição de Textos de Docentes e Pós-Graduados da UNESP – Pró-Reitoria de Pós-Graduação da UNESP (PROPG) / Fundação Editora da UNESP (FEU)

Editora afiliada:

Asociación de Editoriales Universitarias
de América Latina y el Caribe

Associação Brasileira de
Editoras Universitárias

Todos estão loucos, neste mundo? Porque a cabeça da gente é uma só, e as coisas que há e que estão para haver são demais de muitas, muito maiores diferentes, e a gente tem de necessitar de aumentar a cabeça, para o total.

(fala de Riobaldo em *Grande Sertão: Veredas* de Guimarães Rosa)

Sumário

Introdução 9

Parte I – O universo ficcional restrito a uma única voz 19
1 O controle do discurso por meio da palavra persuasiva 21
2 O poder do discurso e o
   discurso do poder em *São Bernardo* 43

**Parte II – Alteridade e desintegração
do discurso de Paulo Honório** 67
3 O papel desestabilizador de Madalena 69
4 A interiorização do conflito: a impossibilidade de domínio
   sobre o *outro* revestida pelo sentimento de ciúme 85

**Parte III – A representação do (des)controle
do discurso no nível metalinguístico** 113

**Parte IV – Ironia e aclaramento da
consciência de Paulo Honório** 129

Considerações finais 151
Referências bibliográficas 157

Introdução

O romance *São Bernardo*, de Graciliano Ramos, é narrado pelo protagonista Paulo Honório que, distanciado no tempo, procura recapitular a história da sua vida. Esse distanciamento confere uma visão mais abrangente e analítica do passado a esse narrador-personagem, que, no presente da enunciação, interpreta com maior clareza os fatos ocorridos. Entretanto, em grande parte da narrativa, numa forma de adequação à história, o ato de contar tenta representar a temporalidade do enunciado: Paulo Honório narra seus erros passados sem julgá-los como erros e procura fazer o narratário acreditar que os tem como verdade. A partir da visão subjetiva desse narrador, percebemos os outros personagens e os fatos relatados. De acordo com a tipologia de Genette (s. d.), Paulo Honório é um narrador "autodiegético" (porque relata suas próprias experiências como personagem central da história), que se situa tanto no núcleo "intradiegético" (porque se refere à sua participação, como personagem, nos eventos que integram a história narrada), como no "extradiegético" (porque relata a história).

O eixo de orientação da narrativa apresenta o herói friamente enérgico que, com sua ambição concentrada no domínio da terra, torna-se poderoso e dominador, mas, em determinado momento, tem seu percurso retilíneo interrompido e vê-se forçado a revelar suas fraquezas e inseguranças, perturbado pela influência desestabilizadora da convivência com Madalena, a mulher que se torna sua esposa. Na narração da trajetória de Paulo Honório rumo ao poder, vemos as estratégias discursivas enfatizarem a proliferação de ações rapidamente esgotadas, sem lugar para introspecções, dúvidas ou problematizações e, quando muito, apresentando uma análise sumária e pragmática dos fatos. A partir do surgimento de Madalena, o enredo encaminha-se gradativamente para o aprofundamento na consciência do narrador, apoiando-se em procedimentos linguísticos que acentuam o tempo psicológico e a distorção da realidade representada.

A apresentação de Paulo Honório como agente de um fazer, no plano da diegese, é caracterizada pela posse integral do discurso[1] pelo narrador no plano da narração, pois tudo é relatado e interpretado sob o seu ponto de vista, de maneira convicta, como verdade incontestável. Madalena surge como símbolo de um outro universo, urbano e civilizado, que o narrador desconhece e, consequentemente, não pode dominar. Sua voz e seu mundo entram no campo de visão de Paulo Honório, incorporando-se ao seu diálogo interior e tornando-o instável. A presença imaginária do destinatário, com sua palavra presumida pelo narrador-personagem, torna-se elemento dominante desde então: Paulo Honório passa a preocupar-se em desvendar tudo o que Madalena e os outros personagens pensam a seu respeito, conduzindo diálogos imaginários com eles, o que o leva à perda do controle sobre o seu próprio discurso e sobre os discursos alheios. Assim, com sua existência condicionada a uma outra existência, vemos ocorrer, no romance, uma descentralização da visão desse personagem principal – que dominava todos os eventos – sobre as coisas.

---

1 Toda narração pressupõe que o narrador detenha sua posse/poder, a não ser nos momentos em que dá voz aos personagens, por meio do discurso direto. No entanto, quando falamos em posse integral do discurso, referimo-nos ao fato de o narrador de *São Bernardo*, inicialmente, ao mesmo tempo em que expõe sua habilidade estratégica para controlar o discurso dos demais personagens no plano da diegese ou da história, conduz sua narração por meio de um jogo de encenação de um estilo em que transmite ao leitor o mesmo domínio e autoconfiança que lhe eram característicos no tempo dos fatos relatados, como se fosse o Paulo Honório daquele período, com as mesmas nuances psicológicas, que contasse a história.

Como auxílio na busca de comprovar essa afirmação – da mudança do comportamento do narrador na sua atitude enunciativa, consistida na passagem de um momento inicial de posse, do controle discursivo absoluto, para uma situação de perda desse poder, quando ele constrói seu enunciado sob a dependência da avaliação dos outros personagens –, focalizaremos nossa análise no discurso narrativo de *São Bernardo*. Recorreremos, principalmente, às proposições teóricas de Mikhail Bakhtin (1895-1975) em relação ao discurso romanesco, nas quais ele formula os princípios do chamado "dialogismo" ou "dialogia" em literatura, em oposição às formas literárias construídas sobre procedimentos discursivos denominados "monológicos".

Em seu estudo baseado na obra de Dostoiévski, em que considera o discurso como veículo de ideologias e determinante na formação da imagem do personagem, Bakhtin (2005, p.51) denomina monológica a apresentação una de mundo num texto literário, a partir de uma só consciência. Expressão de uma única ideia, o plano monológico do discurso possui um diálogo acabado, não suscetível de resposta, produzindo uma imagem predeterminada e conclusiva do personagem:

> No plano monológico, a personagem é fechada e seus limites racionais são rigorosamente delineados: ela age, sofre, pensa e é consciente nos limites do que ela é, isto é, nos limites de sua imagem definida como realidade; ela não pode deixar de ser o que ela mesma é, vale dizer, ultrapassar os limites do seu caráter, de sua tipicidade, do seu temperamento sem com isso perturbar o plano monológico do autor para ela. (ibidem, p.51)

Segundo o estudioso, o herói monológico, como o do romance de costumes, "se incorpora ao tema como ser situado e personificado na roupagem concreta e impenetrável de sua classe ou camada, de sua posição familiar, de sua idade, etc." (ibidem, p.104)

O romance com enfoque dialógico, por sua vez, "não se constrói como o todo de uma consciência que assumiu, em forma objetificada, outras consciências, mas como o todo da interação entre várias consciências, dentre as quais nenhuma se converteu definitivamente em objeto de outra" (ibidem, p.17). Essas consciências são "convicções ou pontos de vista acerca do mundo": os personagens focalizam o mesmo objeto de maneira diferente, do ponto de vista de sua própria verdade. Desse modo, o dialogismo, não apenas no texto literário, mas na linguagem em geral, consiste em "cruzamento e interseção de duas consciências, de dois pontos de vista, de duas avaliações" em torno de um mesmo tema (ibidem, p.212).

Discursos, vozes, consciências, visões de mundo, perspectivas. Todos esses termos são recorrentemente utilizados por Bakhtin para se referir a manifestações ou representações ideológicas. Sua concepção mostra que o nível discursivo está necessariamente ligado a uma formação ideológica, que um discurso constitui a forma específica, a linguagem, a retórica de um conteúdo socioideológico: "O sujeito que fala no romance é sempre, em certo grau, um ideólogo e suas palavras são sempre um ideologema. Uma linguagem particular no romance representa sempre um ponto de vista particular sobre o mundo, que aspira a uma significação social" (idem, 1988, p.135).

O monologismo em literatura significa a presença de um acento ideológico único em uma obra. Quando predomina o discurso dialógico já não há dominação absoluta de uma ideia, mas sim um conflito de ideias, de diferentes discursos dentro do romance. Com o enfoque nos limites de um contexto monológico, o discurso predominante não leva em conta o discurso do "outro", o segundo contexto. A orientação dialógica é "a única que leva a sério a palavra do outro e é capaz de focalizá-la enquanto posição racional ou enquanto um outro ponto de vista" (idem, 2005, p.64). Nesse caso, outros personagens têm a possibilidade de trazer para o texto sua própria valoração da realidade social. Cada um deles pode funcionar como um ser autônomo, exprimindo sua própria mundividência, coincida ela ou não com a ideologia do herói.

Convém, aqui, tentarmos esclarecer a acepção em que Bakhtin emprega, em seus estudos, o termo *outro*, visto que este terá papel fundamental no desenvolvimento de nossa análise sobre o discurso narrativo de *São Bernardo*. Com base na ideia geral que pudemos extrair da leitura do conjunto de publicações do teórico russo que fazem menção ao dialogismo em literatura, mais precisamente as obras *Problemas da poética de Dostoiévski, Questões de literatura e de estética* e *Estética da criação verbal*, entendemos que o *outro* diz respeito ao sujeito de um discurso provido de uma consciência independente em relação ao discurso do *eu*, o emissor. Consiste no portador de um discurso próprio em relação ao mundo, dotado de uma visão que se distingue da visão do emissor sobre um mesmo objeto. O emissor, no estabelecimento de relações dialógicas, constrói o seu próprio enunciado a partir da interação com tal discurso alheio: "Não é outro *homem* que permanece objeto de minha consciência, é outra consciência no gozo dos plenos direitos que está ao lado da minha e só em relação à qual minha própria consciência pode existir" (idem, 2003, p.343).

Essa concepção do *outro* não se aplica necessariamente a um sujeito concreto, a um indivíduo específico, mas pode vir revestida pela representação abstrata de um determinado conceito, de uma instituição, um grupo social, uma classe profissional etc.; sendo seu discurso sempre povoado de intenções sociais, assim como o discurso do *eu*. Numa configuração dialógica, a presença do *outro* numa obra literária manifesta-se nitidamente, tanto no plano das ideias, com a expressão do conteúdo ideológico contido no discurso de cada personagem (do *eu* e do *outro*, ou dos outros), quanto no plano da estrutura aparente ou da linguagem – o que Bakhtin denominará "polifonia" –, por meio do estilo característico que constitui a voz do emissor, impregnada pela influência de uma outra voz (ou mais), com a qual polemiza, em sua tessitura.

Como forma de esclarecer melhor a distinção entre monologismo e dialogismo literário, Bakhtin dá o exemplo da epopeia como gênero estritamente monológico. Segundo o autor, a epopeia tem uma perspectiva única e exclusiva. O herói épico não tem uma ideologia particular, ao lado da qual possam existir outras. Ele é apenas o veículo da ideia singular da obra, que geralmente consiste no enaltecimento da pátria e de seu povo, por meio da história de sua origem mítica. O romance dialógico, diferentemente da epopeia, do mundo épico, contém muitas perspectivas, e o herói, geralmente, age em sua perspectiva particular entre as demais presentes na obra (idem, 1988, p.136).

A partir dessas considerações, buscaremos sustentar nossa argumentação de que o estilo narrativo de São Bernardo desenvolve-se no perpasso de dois momentos, demarcados pelo aparecimento da personagem Madalena: entre o discurso com aspecto autossuficiente, prático e ágil, e o discurso influenciável e hesitante do narrador-protagonista Paulo Honório. Consideraremos o encontro de Paulo Honório com Madalena o encontro dialógico de duas vozes ou consciências antagônicas. Antes disso, no relato de seu passado anterior ao casamento com a jovem professora, há um discurso ideológico aparentemente convicto e inabalável do narrador-protagonista, que concorre para lhe render uma imagem sólida. Sem, no começo, o discurso de um *outro* interferir rigorosamente no diálogo interior de Paulo Honório, constrói-se de maneira uniforme a sua personalidade até então acabada. Sua imagem socioestilística do proprietário rural nordestino violento e inescrupuloso é modelar. Ainda não existe uma explícita relação dialógica com ela, o que nos permite vislumbrar uma aproximação desse seu discurso inicial, em vários aspectos, à modalidade monológica.

Bakhtin não nega o fato de que todo discurso está sempre voltado para um interlocutor. O que ele apregoa é que essa orientação pode ser mostrada ou não na obra. Um discurso aparentemente neutro ou monológico também visa um interlocutor, ainda que ele pretenda ocultar esse fato: "os chamados estilos neutros ou objetivos de exposição, concentrados ao máximo em seu objeto e, pareceria, estranhos a qualquer olhada repetida para o outro, envolvem, apesar de tudo, uma determinada concepção do seu destinatário" (idem, 2003, p.304).

Em *São Bernardo*, desse modo, encontra-se, inicialmente, um diálogo potencial, não desenvolvido, concentrado em duas visões de mundo, duas linguagens. Há um atrito entre duas posições representadas (o discurso explicitamente materialista-individualista de Paulo Honório, identificado com muitos preceitos do sistema capitalista, e um ideal social-humanista pressuposto), inteiramente subordinado à instância suprema e última do narrador, em que predomina seu monólogo consistente e seguro. Posteriormente, tudo passa a residir na reação, na resposta, na palavra dos outros, presentes ou ausentes.

A réplica antecipada do *outro* se insere na narração, sendo essas transformações desencadeadas pelo surgimento de Madalena. Enquanto *outro*, ela introduz no romance os tons da compaixão e da conciliação. Ela é portadora de um discurso ideológico penetrante, capaz de interferir ativa e seguramente no diálogo interior de Paulo Honório, sem submeter-se a ele. Assim, a presença de Madalena desvela o dialogismo, ao instaurar abertamente, no romance, com o seu discurso, a perspectiva de uma sociedade igualitária, que se identifica com os fundamentos do socialismo ideológico, criando-se uma tensão, uma polêmica aberta com o discurso reificado de Paulo Honório, ligado às origens do modo de produção capitalista no interior do Brasil.[2]

Portanto, baseados no pressuposto de que em *São Bernardo* ocorre uma intensificação e explicitação do caráter dialógico, com a inserção de Madalena como personagem autônoma na trama, temos a intenção de demonstrar como essa ocorrência implica na alteração do estado de posse para uma situação de perda do controle sobre o discurso pelo narrador-personagem. Para tanto, julgamos pertinente, em nossa análise, denominar a primeira fase do romance, na qual as outras vozes se ocultam sob a aparência de uma só voz, em que o diálogo é mascarado e apenas o discurso de Paulo Honório faz-se ouvir, de instância "monologizada".

Na primeira parte do presente estudo, verificaremos o modo como é produzido, no romance, esse discurso monologizado, que cria a ilusão de um sujeito único, centralizado. Mostraremos que o discurso de Paulo Honório age sobre o do *outro*, sobrepondo-se, coagindo-o, suprimindo-o e anulando-o, valendo-se, principalmente, de dois recur-

---

2 Vale ressaltar, portanto, que o romance é dialógico o tempo todo (pois só foi escrito por Paulo Honório após a morte de Madalena), embora essa condição só se faça notar mais nitidamente com a presença de Madalena na história. Antes disso, quando Paulo Honório narra o período que vai da sua infância até antes de seu casamento, adequando seu modo de narrar à sua constituição ideológica e psicológica daquele período, o dialogismo, a tensão entre discursos que revelam diferentes modos de pensar, fica encoberto por um discurso inflexível e autoritário que parece o único a dominar o romance. Contudo, o dialogismo não deixa de estar presente desde o início, tornando-se explícito quando o discurso latente do *outro* ganha corpo no texto por meio da voz de Madalena.

sos: a persuasão ardilosa e o autoritarismo. Com o primeiro, o narrador emprega seu discurso envolvente para induzir os outros personagens a aderirem às suas ideias e agirem em seu benefício, adotando uma atitude dissimulativa para convencê-los. Nesse processo, identificaremos suas estratégias para persuadir também o narratário sobre a viabilidade do seu discurso, valendo-nos das contribuições de José Luiz Fiorin, Adilson Citelli e L. Bellenger aos estudos das técnicas de persuasão.

Nos casos que caracterizam sua atitude autoritária, usando como suporte algumas considerações de J. L. Fiorin em relação às estratégias discursivas de dominação, analisaremos a recorrência de Paulo Honório a formas de intimidação, violência e de invalidação da voz do *outro* para garantir, por meio da imposição, sua situação de monopólio em relação ao discurso, à ideologia. Nesse ponto da análise, ressaltaremos os processos de animalização e de coisificação da imagem dos outros personagens como recurso do narrador para silenciar a palavra alheia.

É importante destacar, no entanto, que os dois procedimentos responsáveis pela espécie de mascaramento do fundo dialógico no início do romance, a persuasão e o autoritarismo, nem sempre se apresentam facilmente discerníveis. Esses recursos estão, às vezes, imbricados de tal forma que caracterizam uma persuasão coercitiva. Analisaremos separadamente a persuasão com intenção enganadora e o autoritarismo presentes no discurso do narrador, levando em conta os momentos de predominância de uma modalidade sobre a outra, o que não implica na exclusão de uma pela outra.

Na etapa seguinte, buscaremos mostrar como os demais personagens passam da condição de meros ouvintes passivos para participantes ativos da comunicação discursiva em *São Bernardo*, ou seja, como a atividade dialógica se intensifica com a chegada de Madalena.

De acordo com Bakhtin (1988), existem duas linhas de dialogização: a primeira é a relação dialógica com o discurso do *outro* na esfera do "já dito", que corresponde a formas de interdiscursividade que englobam a intertextualidade, a coexistência e interação com um discurso antecedente, já proferido, reconhecível, como é o caso da paródia, da citação e da alusão. A segunda forma de orientação do discurso para o discurso do *outro* constrói-se a partir de um discurso "não dito", não pronunciado, mas presumido pelo enunciador. Nesse discurso, nota-se uma aguda sensação do destinatário a quem ele visa: o emissor leva em conta as possíveis reações, a possível resposta de um interlocutor invisível, sendo o seu discurso determinado, portanto, pela intensa antecipação do discurso desse *outro*.

É na identificação desse segundo tipo de relação dialógica que concentraremos a segunda etapa da análise, buscando interpretar essas antecipações e interferências do discurso do *outro* como expressão estilístico-formal polifônica do momento de descentralização do poder de Paulo Honório no plano da diegese, que se reflete no plano da narração. Essa consideração do interlocutor ausente surge e se intensifica no romance após o casamento de Paulo Honório. Nessa fase, o discurso do *outro*, na maioria das vezes, não se reproduz, é apenas subentendido, mas a sensação da sua presença determina a estrutura do discurso do narrador, forçando-o a mudá-lo adequadamente sob o efeito de sua influência. Como complemento ao desenvolvimento da análise de algumas situações discursivas, nessa parte do trabalho, consideramos pertinente recorrer, também, aos estudos realizados por Dominique Maingueneau sobre a Pragmática relacionada ao discurso literário.

Em suma, o objetivo principal do livro é desvendar o modo como o narrador-personagem de *São Bernardo* domina inicialmente o discurso, quais as principais estratégias de manipulação empregadas para isso e como essa situação de domínio se altera para um estado de dependência em relação ao *outro*, evidenciando os fenômenos que a palavra alheia passa a produzir na representação de sua fala. Espera-se, simultaneamente, contribuir para uma melhor compreensão das proposições de Bakhtin aqui expostas, por meio de sua aplicação prática na análise discursiva de um romance que ocupa lugar de destaque na literatura brasileira.

Salientaremos, também, como essas mudanças refletem-se no nível metalinguístico da obra, proporcionando uma alteração no comportamento de Paulo Honório como escritor de sua própria história, que, em determinado momento, deixa de expor abertamente o processo construtivo da narrativa. Alguns esclarecimentos de Roland Barthes, Linda Hutcheon, Gerard Genette, entre outros, sobre a questão da metalinguagem na literatura serão aproveitados para a análise dessas circunstâncias que, em *São Bernardo*, são responsáveis por mudanças de nível narrativo.

Numa etapa final, exploraremos a questão da ironia como consequência do confronto dialógico no romance, tendo em vista o seu caráter necessariamente interdiscursivo, ao caracterizar-se por um discurso que remete a outro discurso oposto. Com base na noção de "aclaramento" das linguagens sociais como efeito produzido pelas relações dialógicas, desenvolvida por Bakhtin (2003), focalizaremos a conversão final do posicionamento de Paulo Honório em relação ao contexto em que está inserido, permitindo-lhe considerar outras possibilidades de pensamento. Pretendemos analisar a circunstância pela qual a perspectiva socioideológica introduzida pelo personagem-narrador, ao lhe ser revelada como realidade falsa – a partir do reconhecimento de que sofre o mesmo processo de alienação a que submete os outros personagens, ao ser vítima de uma peripécia no processo irônico da narrativa –, leva-o a relativizar o seu discurso, inicialmente marcado pela exaltação a um modo de vida estritamente baseado no acúmulo de capital.

Parte I
O universo ficcional restrito a uma única voz

1
O CONTROLE DO DISCURSO POR MEIO DA PALAVRA PERSUASIVA

A persuasão vinculada à Retórica visa iluminar o entendimento, comprazer a imaginação ou influir sobre as vontades. A Retórica é concebida como a arte de persuadir, de aduzir provas que levem os outros, ou à ação, ou a admitir as opiniões do agente de uma ação. Na Grécia Antiga, esse sentido de Retórica aplicava-se, de modo mais específico, à oratória, ou seja, à arte de persuasão vinculada ao discurso linguístico, à eloquência e à beleza. A arte Retórica, para Aristóteles (1964, p.190), valorizando o estilo do discurso, consiste na faculdade de descobrir os meios possíveis de se fazer acreditar em determinado assunto. Assim, a retórica de Aristóteles pretendia ensinar a persuadir o interlocutor, colocando-a a serviço do verdadeiro e do justo. Posteriormente, estudada a sua presença e aplicação nos mais diversos tipos de processo comunicativo, vemos a atividade persuasiva manifestada também em formas desvinculadas do compromisso com a verdade e a estética, de tal maneira que, na atualidade, ela é comumente associada a um ato de coerção ou mentira.

A persuasão, segundo observa Citelli (1986, p.11-14), é um modo de constituir as palavras visando convencer o receptor sobre determinada verdade, utilizando expedientes argumentativos. É a busca de adesão a uma perspectiva, entendimento ou conceito evidenciado a partir de um ponto de vista que deseja convencer alguém sobre a validade do que se anuncia. Quem persuade leva o outro a aceitar determinada ideia, valor ou preceito, seja verdadeiro ou não.

O processo persuasivo com finalidade de assegurar o poder, que constitui um dos elementos caracterizadores da instância a que chamamos monologizada em *São Bernardo*, se dá não somente no plano da enunciação, com artifícios empregados pelo narrador, em sua atitude manipuladora, no empenho de influenciar o narratário acerca da validade de seu posicionamento. Ocorre também no plano do enunciado, no qual se evidencia uma relação de exploração, possibilitada pelo poder de convencimento do protagonista Paulo Honório sobre os demais personagens.

Para verificar a interação personagem-personagem, no plano do enunciado do romance, num contexto em que a persuasão está relacionada à ideia de competição e de dominação, são propícias as colocações de Bellenger (1987, p.42), para quem a persuasão se faz presente quando há diferença ou divergência. Segundo o autor, ela manifesta-se na adversidade: para vencer ou defender-se, é preciso agir sobre o *outro* e, por isso, torna-se uma prática de comunicação e incitação intencional, calculada em função de um resultado. Ela se enquadra no pensamento estratégico, leva em conta as vulnerabilidades do *outro*, ao mesmo tempo em que o *eu* pensa e administra seu próprio arsenal de meios.

Um momento exemplar em que Paulo Honório evidencia, de forma intencionalmente explícita, o seu poder persuasivo está no Capítulo 4 do romance, em que é narrado passo a passo o processo de sua conquista da fazenda São Bernardo, para o qual emprega diversas estratégias de convencimento sobre o *outro*. Nesse caso, a persuasão aparece como processo de influência com vistas a induzir ao erro. Paulo Honório é mobilizado em torno de seus projetos individuais, da sua vontade de *levar a fazer*, que dependem sempre do *outro* num contexto de competição e interdependência.

Diante da realidade brutal, exposto à crueza das relações sociais, Paulo Honório cria estratégias e adquire a malícia necessária para sobreviver em seu meio rude. Ele obtém uma determinada competência para manter-se em seu universo, no qual o capitalismo nascente divide lugar com costumes bárbaros, na forma como é representado o sertão alagoano no romance:

> A princípio o capital se desviava de mim, e persegui-o sem descanso, viajando pelo sertão, negociando com redes, gado, imagens, rosários, miudezas, ganhando aqui, perdendo ali, marchando no fiado, assinando letras, realizando operações embrulhadíssimas. Sofri sede e fome, dormi na areia dos rios secos, briguei com gente que fala aos berros e efetuei transações comerciais de armas engatilhadas. (Ramos, [1934] 2001, p.12)

Os outros personagens de mesma origem, por outro lado, em sua maioria, constituem uma relação de caráter orgânico com o mundo, não problematizando as leis que organizam suas percepções. A consciência de Paulo Honório da condição desprivilegiada desses personagens e sua visão abrangente da realidade social, que o fazem sobressair-se aos demais e elaborar estratégias para progredir, o caracterizam como detentor de um saber, como indivíduo rico em experiência acumulada.

O espaço no qual se desenvolve a história, mostrado como um território selvagem de concorrência, também retrata a imobilidade de classes, em que a posse da terra é hereditária: o personagem Luís Padilha é herdeiro de Salustiano, seu pai, dono de São Bernardo, mas não é familiarizado com o ambiente do campo e não possui interesse pelas atividades rurais. Propenso à boemia e à imprevidência, entregue aos vícios do jogo e da bebida e aos gastos com mulheres, o jovem fazendeiro apresenta-se como uma presa fácil para as intenções de Paulo Honório.

O protagonista, fingindo ser seu amigo, toma posse da fazenda de Padilha após armar-lhe uma cilada. Inicialmente, ele se aproxima para estudar melhor sua futura vítima e identificar seus pontos vulneráveis, que convergem para a ingenuidade e a falta de determinação. Firma uma falsa relação de amizade com ele, tornando-se financiador de seus vícios, confidente e conselheiro. Ao conquistar sua confiança, gradativamente o deixa numa situação de dívida e obrigação, sem que ele perceba. Ao emprestar dinheiro a Padilha, Paulo Honório utiliza um recurso persuasivo que simula um gesto de boa vontade de sua parte, consistindo em abrir, admitir, para melhor impor mais tarde e, então, não conceder mais nada.

Após aproximar-se de Padilha, Paulo Honório também trata de fazer um reconhecimento do seu objeto de desejo, a fazenda, para avaliar o seu potencial inexplorado, servindo-se da ocasião de um convite do proprietário para uma comemoração de São João: "Achei a propriedade em cacos: mato, lama e potó com os diabos. A casa grande tinha paredes caídas, e os caminhos estavam intransitáveis. Mas que terra excelente!". (ibidem, p.15)

A cilada armada por Paulo Honório é apresentada na forma de um jogo de máscaras, conforme a relação opositiva entre o *ser* e o *parecer* estabelecida no contato com Padilha. Esta contrariedade afirma em Paulo Honório o direcionamento para o emprego de técnicas de simulação e de dissimulação no intuito de enganar sua vítima, considerando a distinção que Fiorin (1996, p.62) faz desses dois conceitos, ao afirmar que "simular é parecer e não ser, enquanto dissimular consiste em não parecer o que é", No mesmo sentido, Bellenger (1987, p.29), tendo em conta a oposição verdadeiro-falso, observa que, na prática de simulação, o persuasor busca tornar fidedigno aquilo que ele sabe ser um erro. Segundo esse autor, a linguagem aplicada na simulação produz aparências enganosas em situações em que a verdade está ausente (como no caso de amizade e aconselhamento de Padilha em que a habilidade de Paulo Honório está na sugestão sutil e no conhecimento da ingenuidade e ignorância de seu interlocutor). Já o persuasor que dissimula opera pela supressão, omitindo certas informações pela denegação, atenuação e distorção. A dissimulação transforma-se em falsificação quando deforma, altera e dissimula a realidade.

> Travei amizade com ele e em dois meses emprestei-lhe dois contos de réis, que ele sapecou depressa na orelha da sota e em folias de bacalhau e aguardente, com fêmeas ratuínas, no Pão-sem-Miolo. Vi essas maluqueiras bastante satisfeito, e quando um dia, de novo quebrado, ele me veio convidar para um São João na fazenda, afrouxei mais quinhentos mil-réis. Ao ver a letra, fingi desprendimento:
> – Para que isso? Entre nós... Formalidades.
> Mas guardei o papel. (Ramos, [1934] 2001, p.15)

Conforme depreendemos na frase expressa por Paulo Honório, em forma de discurso direto ("– Para que isso? Entre nós... Formalidades"), ele apela para o recurso da conivência com Padilha, em que simula um clima de concessões e não de prova de força, com intenções conciliadoras, de tolerância, totalmente opostas ao seu verdadeiro objetivo, procurando, desse modo, consolidar a qualidade da relação interpessoal. Ao mesmo tempo, em sua narração, explicita seu verdadeiro objetivo com esse comportamento urdiloso de aparentar oferecer auxílio despretensiosamente, em declarações como "Vi essas maluqueiras bastante satisfeito", "fingi desprendimento" e "Mas guardei o papel".

Após conquistar a confiança e a gratidão de Padilha, Paulo Honório tenta conduzi-lo a praticar um erro, sugerindo-lhe cultivar São Bernardo, pois sabe que ele não terá êxito em tal tarefa. Sendo Padilha um homem de natureza acomodada e sem ambições, Paulo Honório aplica técnicas de sedução, com as quais procura surpreendê-lo e confundi-lo para despertar nele o interesse pelos negócios, manipulando as aparências e buscando, ao mesmo tempo, uma ausência de identidade para si: "Tratores, arados, uma agricultura decente. Você nunca pensou? Quanto julga que isto rende, sendo bem aproveitado?" (ibidem, p.15). A sugestão e a sedução são as armas de Paulo Honório na alteração da atitude de Padilha. Conforme observa Bellenger (1987, p.19), ao ser influenciado pelo poder da sugestão, a vítima se convence da verdade da mensagem e a assimila; a mensagem provoca-lhe uma mudança de atitude ou uma passagem à ação.

Notamos que, com a mensagem persuasivo-sugestiva, Paulo Honório tem a intenção de atingir antes o imaginário de Padilha do que a razão, pois ele não identifica os desejos do seu adversário, mas cria-os, reforçando uma necessidade apenas aparente. Padilha participa do jogo de influência de que é objeto, porque, inexperiente e inseguro, há nele uma disposição para aceitar sugestões. Conforme podemos constatar no pronunciamento de Padilha, Paulo Honório, ao ter lhe provocado o entusiasmo, o incentiva de maneira que ele próprio tome as providencias para arruinar-se em sua ignorância e fraqueza:

– Resolvi. Aquilo como está não convém. Produz bastante, mas poderá produzir muito mais. Com arados... O senhor não acha? Tenho pensado numa plantação de mandioca e numa fábrica de farinha, moderna. Que diz?
Burrice. Estragar terra tão fértil plantando mandioca!
– É bom. (Ramos, [1934] 2001, p.16)

Pelas duas últimas frases desse trecho, expressas por Paulo Honório, notamos que o discurso direto, emitido por ele no diálogo com Padilha, em oposição às considerações que o antecedem, destinadas ao narratário, marca a distinção entre as suas opiniões exteriorizadas, no plano da diegese, que se encontram no nível do parecer, e a narração dos seus pensamentos, que revela suas verdadeiras intenções. Pela estratégia discursiva empregada, ao dirigir-se a Padilha de maneira dissimulada com o propósito de enganá-lo em proveito próprio, Paulo Honório também torna patente ao narratário sua postura desleal como meio necessário para alcançar seus objetivos, ressaltando a ideia de que a esperteza é qualidade imprescindível para obter o sucesso nos negócios.

Paulo Honório conta com a inexperiência e a tolice do rapaz para que seu plano dê resultado, esperando que, motivado pelo projeto, Padilha venha lhe pedir empréstimo para realizá-lo. Diferentemente das primeiras vezes, porém, em que lhe confia dinheiro com facilidade, Paulo Honório, finalmente, dificulta o empréstimo na certeza de que Padilha, como último recurso, ofereça-lhe a hipoteca da fazenda como garantia. Direcionando, portanto, sua fala de modo a exagerar na seriedade e complexidade de tal empréstimo, Paulo Honório tenta mostrar-lhe, de forma figurativa, a dificuldade de se ganhar dinheiro:

– Ó Padilha, gracejei, você já fechou cigarros?
Padilha comprava cigarros feitos.
– É mais cômodo, concordei, mas é mais caro. Pois, Padilha, se você tivesse fechado cigarros, sabia como é difícil enrolar um milheiro deles. Imagine agora que dá mais trabalho ganhar dez tostões que fechar um cigarro. E um conto de réis tem mil notas de dez tostões. Vinte contos de réis são vinte mil notas de dez tostões. Parece que você ignora isto. Fala em vinte contos assim com essa carinha, como se dinheiro fosse papel sujo. Dinheiro é dinheiro.

Padilha baixou a cabeça e resmungou amuado que sabia contar. (ibidem, p.18)

Esse modo de explicar algo por exemplos ou analogias corresponde ao que Fiorin (1996, p.53) classifica como procedimento persuasivo de "ilustração", em que o enunciador relata um caso particular que confirma uma verdade geral exposta; ele enuncia uma afirmação geral e dá exemplos com a finalidade de comprová-la. Nesse momento da narrativa, nota-se que a fala de Paulo Honório é emitida em forma de discurso direto, enquanto a fala de Padilha, quando não se realiza por meio do discurso indireto, pela voz do narrador, fica apenas subentendida pelas tréplicas de Paulo Honório. O abafamento das réplicas de Padilha e a predominância da voz de Paulo Honório, aliados à maneira didática como este lhe apresenta um fato da realidade, colaboram para dar relevo à ingenuidade do personagem e, por conseguinte, à astúcia e à experiência do protagonista.

Acontecendo conforme o esperado, confirma-se o sucesso da cilada arquitetada por Paulo Honório, que consegue manipular Padilha por meio do jogo de simulação e dissimulação que pratica, dessa vez aparentando incerteza sobre a concessão do empréstimo, no intuito de alimentar o desejo do outro, simular seu desinteresse e ratificar sua isenção de responsabilidade sobre o posterior erro:

Afinal prometi vagamente:
– Está bem. Vou refletir.
No outro dia ainda estava refletindo:
Vamos ver, Padilha. Dinheiro é dinheiro. (Ramos, [1934] 2001, p.18)

Nota-se que, de início, Paulo Honório procura modificar o estado de conhecimentos de Padilha, transmitindo-lhe elementos do saber ou da habilidade, ao aconselhá-lo a cultivar a fazenda. Posteriormente, Padilha é convidado a enunciar, ele mesmo, os frutos da comunicação e dar livre curso à sua necessidade de expressão. Paulo Honório assume a figura de um simples catalisador das ideias sem, aparentemente, tê-las provocado. O próprio interlocutor Padilha transforma-se num agente de persuasão. O persuasor Paulo Honório tem apenas que controlar o processo de interação que leva ao assentimento, enquanto o persuadido tem a impressão de se ter convencido por si mesmo. Paulo Honório domina a arte de se fazer calar e colocar-se em segundo plano, para depois operar um retorno brusco e inverter a situação com proveito. Ele aparentemente se anula, faz que seu papel seja esquecido, de maneira a criar as melhores condições para o exercício do livre-arbítrio por Padilha. Ele inverte os papeis e oferece ao seu interlocutor a oportunidade de sair vencedor, ilusoriamente livre por seu próprio consentimento.

Com a quantia do empréstimo em mãos, a vítima conclui o processo de erro: Padilha abandona os projetos para a agricultura e compra uma gráfica, que é fechada em pouco tempo, perdendo, assim, rapidamente o dinheiro que investiu e tendo seus planos fracassados. Surge, então, o momento propício para que Paulo Honório explore a vantagem adquirida ao cobrar a dívida. Ele aborda Padilha desprevenido, ou seja, sem recursos, escondido na fazenda: "Devo, não nego, mas como hei de pagar assim de faca no peito? Se me virarem hoje de cabeça para baixo, não cai do bolso um níquel. Estou liso." (ibidem, p.20). Nesse momento, sem a necessidade de dissimular, Paulo Honório revela o seu verdadeiro ser: a modulação de sua fala altera-se, torna-se mais agressiva e o antigo "amigo" passa a ser tratado de maneira ríspida. Se, num primeiro momento, o protagonista utilizava meios de sedução, posteriormente ele emprega táticas de intimidação para convencer Padilha a entregar-lhe a fazenda, opondo à irrepreensibilidade anterior a hostilidade, numa forma de persuasão coercitiva, como percebemos pela inserção de vocativos depreciativos, de verbos no modo imperativo e exclamações que ressaltam a agressividade em seu discurso:

– Que tipografia! Você é besta? (p.20)
[...]
– Acabado o quê, meu sem-vergonha! Agora é que vai começar. Tomo-lhe tudo, seu cachorro, deixo-o de camisa e ceroula. (p.22)
[...]
Quer resolver o caso amigavelmente? Faça preço na propriedade. (ibidem, p.22)

Conforme podemos notar, pela variação que emprega em seu discurso, Paulo Honório mostra ser racional, ao contrário de Padilha, caracterizado pela impulsividade. Ele se apresenta num estado de premeditação vigilante e dotado de prudência: concentra-se na situação, no momento, no objetivo e nada lhe escapa. Ele está atento para agir no momento exato e aproveitar a ocasião, sabe prever a continuação dos acontecimentos e se preparar para ela. Seu discurso tende para um futuro que ele prepara, maquina e antecipa. Contudo, apesar de intimidador, a dissimulação ainda predomina em seu discurso.[1] Ao mesmo tempo em que deseja a fazenda, Paulo Honório, reiteradamente, trata de depreciá-la, carregando na expressão desqualificante para demonstrar desdém e desvalorizá-la perante o dono a fim de, além de convencê-lo a vendê-la, conseguir um preço abaixo do valor:

– Bobagem! São Bernardo não vale o que um periquito rói. O Pereira tem razão. Seu pai esbagaçou a propriedade. (p.18)

– Para quê? São Bernardo é uma pinoia. Falo como amigo. Sim, senhor, como amigo. Não tenciono ver um camarada com a corda no pescoço [...] (ibidem, p.22)

Com o emprego insistente de termos como "amigo" e "camarada", pertencentes ao mesmo campo semântico, Paulo Honório procura levar Padilha a crer na sua significação, ao reforçar a falsa ideia do sentimento de apreço por ele. Essa ideia é fortalecida, ainda, pela presença do vocativo "Sim, senhor", com função apelativa, que ajuda a mascarar o discurso ardiloso e indutivo com a aparência de conselho.

Convencido a vender a fazenda, Padilha discute o preço com Paulo Honório. O embate travado entre os dois no processo de negociação

---

1 Citelli (1986, p.37), ao defrontar o discurso persuasivo com o do tipo autoritário, afirma não se tratar de categorias autônomas, mas de dominância; ou seja, estas não são formas puras, existindo, porém, sempre a preponderância de uma sobre a outra. Assim sendo, o autoritário pode conter o lúdico e vice-versa. Ocorre que uma das formas estará sempre em situação de dominância, sendo mais visível e, portanto, caracterizadora.

ressalta o poder persuasivo do protagonista em relação a questões financeiras (e a tentativa de Padilha em persuadi-lo também) quando, ao expor as estratégias de convencimento e argumentação, o narrador-personagem enfatiza a carga dramática que cada um aplica na discussão, de maneira que a transação se apresente como a encenação de um ritual preparatório para a celebração do contrato:

> [...] Padilha fez abate para sessenta e cinco e *jurou por Deus do céu que era a última palavra.* (p.23)

> [...] Padilha, *por camaradagem, consentiu* em receber sessenta. (p.23)

> [...] Avancei a quarenta *e afirmei que estava roubando a mim mesmo.* (p.23)

> [...] *Afetei comiseração* e prometi pagar com dinheiro e com uma casa que possuía na rua. (ibidem, p.24, grifos nossos)

Segundo Fiorin (1996, p.46), o narrador, ao pôr em evidência algumas particularidades expressivas, chama a atenção para certos traços dos falantes, ou seja, seu discurso exerce uma função analítica da expressão. Nesse trecho, o discurso direto que apresentava o diálogo entre os dois personagens é substituído pelo discurso indireto, quando então passamos a ouvir a palavra de Padilha pela voz do narrador, que pretende ressaltar as maneiras de dizer, importando menos o conteúdo objetivo comunicado, com vistas a caracterizar os atores cujo discurso ele analisa, destacando a teatralidade com que eles interagem.

Dentro desse diálogo dominado por Paulo Honório, os personagens alternam de tema, sendo a negociação, por vezes, entremeada por outros assuntos menos relevantes e fora de questão, como forma de abrandamento, no intuito de que a discussão, de caráter decisivo, tome aspecto de uma conversa despretensiosa. O estilo de bate-papo informal provoca uma aproximação amistosa, uma redução da distância entre Paulo Honório e Padilha, estabelecendo uma ilusão de cumplicidade e um clima de conivência:

DIALOGISMO E IRONIA EM *SÃO BERNARDO*, DE GRACILIANO RAMOS   31

> [...] Ele baixou para setenta e *mudamos de conversa*. (p.23)
> [...]
> *Resolvi discorrer sobre as minhas viagens ao sertão*. Depois, com indiferença, *insisti* nos trinta e quatro contos e obtive modificação para cinquenta e cinco. (Ramos, [1934] 2001, p.23, grifos nossos)

A expressão paradoxal no segundo exemplo acima ("com indiferença, insisti") confirma a falsidade da relação comunicativa, o seu caráter encenativo, pela disjunção entre o verbo e a locução adverbial, que revela a incompatibilidade da atitude do falante (insistir) com a maneira como ela é exercida (com indiferença).

A tendência do narrador-personagem em persuadir o narratário sobre a validade de seu posicionamento, no plano monologizado do romance, pode ser apreendida nesse quarto capítulo. Nele, observa-se que, apesar da *performance* negativa de Paulo Honório, que o qualificaria na condição de vilão, pela perspectiva tendenciosa de sua narração, é de Padilha que se é induzido a construir uma imagem ao modo deceptivo, reflexo do sentimento de desprezo do protagonista pelo seu modo acomodado de ser: "Luís Padilha revelou com a mão e com o beiço ignorância lastimável num proprietário e, sem ligar importância ao assunto, voltou às rodas interrompidas e às cabrochas". (ibidem, p.16)

Ao opor o seu caráter ao de Padilha, o narrador-personagem busca passar ao narratário uma imagem de exemplaridade, de modelo a ser seguido como o correto; tenta transferir o narratário para o seu próprio sistema de valores e de pensamento, para sua lógica pessoal, caracterizando seu discurso por um forte valor sugestivo. O relevo dado à posição inferior de Padilha é transmitido também pela sua desqualificação física e intelectual decorrente do procedimento de animalização de sua imagem pelo narrador:

> Examinei sorrindo aquele bichinho amarelo, de beiços delgados e dentes podres. Para evitar arrependimento, levei Padilha para a cidade, vigiei-o durante a noite. No outro dia, cedo, ele meteu o rabo na ratoeira e assinou a escritura. Deduzi a dívida, os juros, o preço da casa, e entreguei-lhe sete contos quinhentos e cinquenta mil-réis. Não tive remorsos. (ibidem, p.24)

Toda essa sequência em que é narrada a aquisição da fazenda, ao evidenciar a insignificância de Padilha, ressalta, por contraste, a superioridade de Paulo Honório, seu potencial estratégico e seu conhecimento de comportamentos óbvios, pois, para o sucesso de sua cilada, conta com a previsibilidade das reações do adversário como a de um animal em seu ato instintivo. A imagem metafórica da ratoeira sintetiza esse episódio em que predomina a persuasão, confirmando o ato de preparação e conclusão de uma armadilha. O discurso persuasivo falseado de Paulo Honório, nesse caso, empenha-se em interessar, impressionar e convencer, despertar um desejo e, em seguida, levar à ação por meio do ardil. Desse modo, ele revela os seus qualificativos, o seu ser, apenas por meio do fazer discursivo-persuasivo, visto que ele não toma a maioria das atitudes. Todas as ações são incitadas por ele, mas praticadas por Padilha que, influenciado, dirige-se rumo à autodestruição.

Nos capítulos 5 e 6 do romance, configura-se outra situação conflituosa; dessa vez entre Paulo Honório e Mendonça. Nesse episódio, o elemento persuasivo também se apresenta dominante. Após tornar-se proprietário de São Bernardo, Paulo Honório se depara com a questão da demarcação dos limites com a fazenda Bom-Sucesso, de Mendonça, que insiste em mudar a cerca de lugar para se apropriar de parte de suas terras:

– O senhor andou mal adquirindo a propriedade sem me consultar, gritou Mendonça do outro lado da cerca. (p.25)

[...] Não vale a pena consertar a cerca. Eu vou derrubá-la para acertarmos onde deve ficar. (p.25)

Contei rapidamente os caboclos que iam com ele, contei os meus e asseverei que a cerca não se derrubava. (ibidem, p.25)

Ao primeiro contato entre os dois, a conversação parece conduzir-se para um desfecho violento. O discurso de Mendonça, de início, apresenta-se autoritário, pelo que se pode depreender de expressões assertivas como "vou derrubá-la para acertarmos onde deve ficar". Notamos que a fala do personagem, pelo aspecto de decisão categórica e incontestável que imprime, empenha-se em não abrir possibilidades para o questionamento. O uso da forma verbal "asseverei" por Paulo Honório, por sua vez, também manifesta sua posição de intransigência. No entanto, após uma reflexão sobre a situação, Paulo Honório percebe a necessidade de alterar o modo de exprimir-se, atitude que logo é seguida pelo seu interlocutor. O diálogo que se inicia tenso abandona o caráter passional e passa a ser elaborado, então, segundo os propósitos individuais dos personagens:

> [...] Explicações, com bons modos, sim; gritos não.
> E abrandei, meio arrependido, porque não me convinha uma briga com Mendonça, homem reimoso. (p.25-6)

> [...] Mendonça compreendeu a situação, passou a tratar-me com amabilidade excessiva. Paguei na mesma moeda, e como ele precisasse de uns cedros que havia perto de Bom-Sucesso, ofereci-lhe os cedros.
> – Relativamente aos limites, julgo que podemos resolver isso depois, com calma.
> – Perfeitamente, concordou Mendonça. (ibidem p.26)

Ao considerar decisivos, no contato persuasivo, o contexto em que se desenvolve o discurso e a situação do interlocutor persuadido, Bellenger (1987, p.91) adverte que o recurso da intimidação funciona apenas em caso de relação de forças desequilibradas. Paulo Honório, devido às circunstâncias, usa da persuasão, opta pelo diálogo amistoso, opondo à violência e à força a duplicidade para evitar entrar em atrito direto com o adversário, porque, diferentemente de Padilha, Mendonça encontra-se em condições de poder semelhantes às suas. O ato persuasivo, portanto, toma a forma de um confronto atenuado, de um combate disfarçado. A comunicação torna-se cheia de precauções e fundamentalmente tática. O objetivo de Paulo Honório, nesse caso, é dissuadir Mendonça, afastá-lo de seu propósito, manter uma relação aparentemente pacífica com o vizinho para ganhar tempo para atacá-lo de forma traiçoeira.

Na ocasião da visita à casa de Mendonça, repete-se, no diálogo, a mesma teatralidade e manipulação de aparências que no encontro anterior: "Dirigi amabilidades às filhas dele, duas solteironas, e lamentei a morte da mulher, excelente pessoa, caridosa, amiga de servir, sim, senhor" (Ramos, [1934] 2001, p.28). No trecho transcrito, temos um exemplo peculiar de discurso híbrido, em que fica difícil discernir se o sujeito da enunciação é Paulo Honório no papel de narrador ou de personagem – há uma oscilação entre as duas vozes –, pois ele inicia a narração dirigindo-se ao narratário, focalizando Mendonça em terceira pessoa ("... às filhas dele") para, em seguida, referir-se a este como a um *tu*, o interlocutor de um discurso direto ("excelente pessoa, caridosa, amiga de servir, sim, senhor"), apesar da ausência dos sinais formais de pontuação (dois-pontos e travessão). Nesse caso, o narrador pretende dar destaque à fala do personagem, que invade e se sobrepõe à sua, a fim de salvar a dramaticidade da ação, chamando a atenção para os traços persuasivos, ao discurso hipócrita do falante Paulo Honório do passado, ao delegar a ele a autoria da expressão.

Nessa interação entre os rivais, o narrador-personagem avalia minuciosamente as reações gestuais, visuais e da fala de Mendonça, na intenção de constatar a eficácia sobre ele da influência produzida por suas palavras. Prossegue a prática encenativa na qual predomina a cautela, o cuidado com os termos utilizados, a precisão e a preocupação com as impressões causadas:

> Respondi que havia dormido como pedra [...] Arrependi-me de ter falado precipitadamente. Mendonça examinou de través e suponho que não ficou satisfeito. Tornou a referir-se à noite de insônia, e eu repeti que tinha dormido. Pouco seguro, com a cara mexendo. Naturalmente ele compreendeu que era mentira.
> Cada um de nós mentiu estupidamente. Empurrei de novo na palestra a minha vida de trabalhador. Resultado medíocre [...] (ibidem, p.30)

O conteúdo do diálogo é colocado em segundo plano; os interlocutores saltam e retornam de um assunto a outro, sem desenvolvê-los em profundidade, esgotando-os rapidamente (a noite de sono, a chuva do ano, as eleições). A intercalação de variados assuntos como função fática do diálogo, da parte de Paulo Honório, não passa de pretexto para que ele possa analisar as reações do outro e consiga identificar em seus gestos, comportamento e palavras sinais que atestem que Mendonça lhe representa ameaça.

Após a visita ao vizinho, Paulo Honório retira-se levando consigo as conclusões extraídas do tenso e desconfiado diálogo. No domingo seguinte, retornando das eleições, Mendonça é assassinado no caminho de casa com um tiro. Paulo Honório, no instante do crime, encontra-se na cidade, na companhia de padre Silvestre: "No outro dia, sábado, matei o carneiro para os eleitores. Domingo à tarde, de volta da eleição, Mendonça recebeu um tiro na costela mindinha e bateu as botas ali mesmo na estrada, perto de Bom-Sucesso" (ibidem, p.33).

Em sua enunciação, o narrador serve-se da impessoalidade para informar ao narratário o assassinato de Mendonça, ocultando o agente da ação. Paulo Honório fornece apenas indicações sutis, mas não confirma sua possível participação no crime. Nessa ocasião, como em outros momentos, ele recorre a cortes na sequência narrativa, conforme verifica Jubran (1983, p.42), ao identificar em *São Bernardo* essa técnica cinematográfica como expediente para deslocar o foco do assassinato para outras preocupações, restritas ao cotidiano da propriedade, tentando aparentar que o personagem-narrador nada tem a ver com a história: "– Se tinha! Ora se tinha! Inimigo como carrapato. Vamos ao resto, padre Silvestre. Quanto custa um sino?" (Ramos [1934] 2001, p.33). Ao lançar mão da elipse, o narrador impede o direcionamento da narrativa para alguma revelação que possa incriminá-lo. A forma sumária do relato do crime e o desvio brusco de assunto também dão a medida da falta de importância conferida ao fato.

Diante dos outros personagens, a estratégia utilizada para isentar-se do crime é a sua ausência do local no momento do ocorrido e a companhia de um álibi – o padre – que imponha credibilidade, simulando uma situação que implique a ausência de toda relação entre Paulo Honório e sua vítima. O desfecho e resolução do atrito, portanto, são obtidos, após o confronto persuasivo-dissimulativo, com um ato de violência. Optando, inicialmente, pela negociação, tentando convencer

Mendonça de que não é seu inimigo, Paulo Honório havia escolhido eliminar o adversário por uma troca de favores que o transformaria em aliado. Recorrendo à agressão, posteriormente, visto que a aliança não foi possível, Paulo Honório arma uma nova cilada, dessa vez para matar Mendonça.

Baseando-nos na estrutura que compõe a realização de uma cilada, conforme propõe Bremond (1972, p.123), podemos descrever o processo da ação que ocorre nesse trecho de *São Bernardo*, atentando para a predominância dos dois níveis de relações discursivas que aqui nos interessa: o do *ser* e o do *parecer*, que caracterizam a atividade persuasiva-farsista. A agressão que Paulo Honório inflige a seu adversário reveste-se na forma de uma cilada porque, pelo fato de Mendonça dispor de meios de proteção eficazes, é necessário enfrentá-lo desguarnecido. O trapaceiro Paulo Honório simula, portanto, intenções pacíficas: propõe uma aliança, tenta seduzir sua vítima, enquanto prepara clandestinamente a ruptura do pacto. O discurso persuasivo, nessa situação, é praticado com o objetivo de ganhar tempo para conhecer o adversário, identificar suas reais intenções e o risco que ele oferece para, no momento oportuno, tomar as providências que julgar necessárias.

Em sua última conversa com Mendonça, Paulo Honório promete doar um carneiro aos eleitores no domingo de votação. A nosso ver, o carneiro é apresentado como elemento simbólico, representação de Mendonça na condição de vítima, a presa na relação caça e caçador do contexto conflituoso e competitivo em que os dois personagens se encontram. Essa imagem metafórica é corroborada pela forma subsequente como as duas mortes são narradas.

Sob uma perspectiva geral, nessa situação persuasiva entre Paulo Honório e Mendonça, nota-se novamente a tendenciosidade do narrador-personagem em – apesar de seu papel de vilão, imbuído por um fazer trapaceiro e assassino – conduzir a narrativa de maneira a construir uma imagem positiva de si. Para isso, desloca os traços disfóricos para a figura de Mendonça, deixando a impressão final ao narratário, devido à tipicidade e ao modo grotesco com que esse personagem é caracterizado, de que ele é o único vilão e de que é legítima a necessidade de derrotá-lo:

[...] Mendonça, de longe, ainda se virou, sorrindo e pregando-me os olhos vermelhos. (p.26)
[...]
Despertou. Bocejando, mostrando os caninos amarelos e pontudos, Mendonça bateu palmas e esfarelou um mosquito [...]. (Ramos, [1934] 2001, p.29)

A imagem negativa de Mendonça é agravada por suas características de desmazelo com seu patrimônio e limitação da percepção para o lucro, o seu caráter estático, que o identifica com a aristocracia rural decadente, em oposição à imagem de Paulo Honório, com qualificativos eufóricos, como representativa de uma burguesia nascente, empreendedora e progressista. Tal diferença é estabelecida em decorrência da comparação que o narrador-personagem realiza entre as duas fazendas, utilizando mais uma vez o artifício da exemplaridade para enaltecer sua superioridade. O emprego da exemplaridade como argumento no ato de persuasão, constata Bellenger (1987, p.90), consiste em fazer valer o comportamento ou as ideias do persuasor como provas daquilo que é preciso, ou seria preciso, fazer que aconteça, justamente como opera o narrador-personagem em *São Bernardo*, conforme observamos nas transcrições a seguir:

[...] Que vergonha! Tomar a terra dos outros e deixá-la com aquelas veredas indecentes, cheias de camaleões, o mato batendo no rosto de quem passava! (p.30)

[...] Do lado de cá da cerca o algodão pintava, a mamona crescia nos aceiros da roça; do lado de lá, sapé e espinho. [...] (Ramos, [1934] 2001, p.32)

Como podemos perceber, as ideias constatadas pelo discurso e pelos comportamentos de Padilha e de Mendonça não se enquadram na cosmovisão de Paulo Honório, mas também não se afirmam plenamente a ponto de entrar em tensão com ele, tornando-se simples elementos de caracterização, gestos ou qualidades intelectuais e personificação de um tipo social, constituindo um elemento passivo do universo narrativo. Padilha e Mendonça não são apresentados por Paulo Honório como indivíduos portadores de ideias significativas, mas como manifestações socialmente típicas (o vagabundo bêbado falido e o coronel conservador e cruel). Os pontos de vista deles são "objetificados" – para usarmos a expressão de Bakhtin – para o ponto de vista de Paulo Honório, privilegiado pela condição de narrador, sendo sua relação discursiva com esses personagens, até então, constituinte da instância monologizada do romance. Tais achados são apoiados na afirmação de Bakhtin (2005, p.72) de que no monologismo "há apenas um sujeito cognoscente, sendo os demais meros *objetos* de seu conhecimento".

A persuasão praticada por Paulo Honório na relação personagem-personagem, comumente revelada no processo de realização de ciladas ou emboscadas, auxilia a delinear a sua própria personalidade, que, no relato dessa fase inicial de sua vida, parece esgotar-se em atributos consistentemente definidos: sugestivo, influenciador, egocêntrico, que não teme a teatralidade, pobre e factício em matéria de afetos. A persuasão, nesse caso, apresenta-se como a arte do desvio, da inteligência ardilosa e manipuladora e está relacionada com a mentalidade de dominador e de estrategista, de uma personalidade em busca de poder pessoal, que se utiliza frequentemente dos outros com o objetivo de alcançar seus fins.

Como persuasor-dominador, a energia de Paulo Honório reside na convicção firme e profunda de que seu ideal, sua ambição, é a única coisa do mundo que merece ser perseguida. Apesar de ideológico, de ter suas convicções expostas, dominando o discurso e submetendo os demais ao seu ponto de vista como objetos manipuláveis, o que fica de Paulo Honório, nesse seu percurso de trapaças e conquistas, é uma imagem imóvel, enformada por atributos fixos. Sua ambição desmedida, na luta obsessiva por poder, o faz dedicar-se exclusivamente aos problemas da realidade concreta, afastando-o das questões de ordem reflexiva ou metafísica. No entanto, não se deve esquecer que essa imagem estável, desproblematizada e severa do personagem em determinado momento de sua vida é construída por um narrador que encena, em seu próprio ato de narrar, o modo de pensar que lhe era característico nas circunstâncias do passado. No presente da narração, Paulo Honório está longe de ser um estereótipo, aos moldes de um herói monológico. Embora nesse momento da narrativa não se explicite o olhar atormentado de Paulo Honório ante sua trajetória de ascensão que, mais tarde, o leitor tomará conhecimento que resultou numa falta de sentido para sua vida, é preciso ressaltar que a morte de Madalena e esse sem-sentido estão pressupostos o tempo todo, pois são o motor da narrativa. Ele só escreve porque tem a consciência trágica de sua trajetória.

Na relação narrador-narratário, o caráter persuasivo é manifestado, algumas vezes, pela tática da ilustração, já identificada na relação personagem-personagem. A narração das circunstâncias que levaram seu Ribeiro a perder o seu poderio, por exemplo, comprova a "verdade" geral exposta por Paulo Honório. Quando ele narra a história de fracasso de seu Ribeiro, no Capítulo 7, tem a intenção de esclarecer ao narratário que é preciso acompanhar a evolução do mundo moderno para não ser suprimido. O procedimento de ilustração, nesse caso, mostra certa maneira de ser e de fazer que caracterizam uma afirmação acerca da ideologia de Paulo Honório e a negação da concepção de vida de seu Ribeiro: "Quando o velho acabou de escorrer a sua narrativa exclamei: – Tenho a impressão de que o senhor deixou as pernas debaixo de um automóvel, seu Ribeiro. Por que não andou mais depressa? É o diabo" (Ramos, [1934] 2001, p.37).

O narrador suspende a narrativa principal para intercalar uma outra, pequena e secundária, abrindo um nível "hipodiegético" (Genette, s. d., p.247). Nela, ele narra fatos de um passado anterior ao tempo do enunciado, conta episódios ocorridos num passado em relação ao passado da narrativa principal.

Seu Ribeiro, como Paulo Honório, controlava seu pequeno universo, o povoado onde morava, onde era respeitado por todos e exercia a autoridade, protegia e punia conforme suas próprias leis, mas, diferentemente do fazendeiro, não teve a mesma tendência de adaptação ao novo, perdendo sua posição de poder e o controle sobre os outros. É o narrador-personagem quem nos conta a história do velho guarda-livros, não lhe dando o direito de voz: "Dei-lhe alguma confiança e ouvi a sua história, que aqui reproduzo pondo os verbos na terceira pessoa e usando quase a linguagem dele" (Ramos, [1934] 2001, p.34).

Nessa narrativa encaixada, o estilo empregado é totalmente oposto ao traço rebuscado e austero da fala de seu Ribeiro. Paulo Honório, usando o advérbio "quase" para dizer que tenta aproximar sua narração do modo do velho exprimir-se, na verdade, desenvolve uma linguagem peculiar, que também não se identifica com a sua usual. O emprego dos verbos no pretérito imperfeito, descrevendo comportamentos envoltos num certo halo irreal, as frases curtas e a linguagem bastante simples, quase infantil, aproximam a narrativa do estilo das histórias de contos de fadas: "Seu Ribeiro tinha setenta anos e era infeliz, mas havia sido moço e feliz" (ibidem, p.34.). Esse efeito também é sustentado pelo caráter exemplar da história, que parece ter uma finalidade moralizante, orientando como se deve agir para conquistar a felicidade ou a realização e o que não se deve fazer. Pelo fato de os personagens serem inominados, identificados apenas por uma competência interiorizada, pela função que exercem ou por atributos (o major, a mulher de seu Ribeiro, o filho que jogava futebol, a filha que usava fitas, o vigário, o médico, o advogado etc.) e pela indeterminação que atinge também as categorias do tempo e do espaço (não é mencionado o nome do povoado nem especificado quando os fatos acontecem), a história apresenta propriedades que a aproximam da popular fórmula "Era uma vez...".

Ora, essas coisas se passaram *antigamente*.
Mudou tudo. [...] (p.36)

Um dia seu Ribeiro reconheceu que vivia numa casa grande demais. Vendeu-a e adquiriu outra, pequena. (ibidem, p.37, grifos nossos)

O uso da linguagem fabular mostra que a história do modo de vida de seu Ribeiro, numa comunidade ideal, justa e sem competição, é considerada pelo narrador Paulo Honório algo utópico, que beira a fantasia, inconcebível para a realidade do mundo individualista moderno, orientado pelo lucro. Ele procura persuadir, assim, o narratário sobre sua ideologia materialista-competitiva que, em contraste com a desventurada história de seu Ribeiro, é focalizada de forma positiva pelo seu ponto de vista. Situar seu Ribeiro fora do tempo presente permite a Paulo Honório desqualificar as suas ações, tachando-as de retrógradas e, ao mesmo tempo, qualificar os seus próprios atos como adequados às necessidades da contemporaneidade.

O narrador também recorre à ilustração quando narra brevemente, no Capítulo 3, o caso do Dr. Sampaio e o modo brutal como agiu para fazer que este lhe pagasse uma dívida, utilizando o fato a título de exemplo para mostrar ao narratário como são tratadas de forma violenta as questões de negócios no sertão. Com tal exposição, procura garantir a validade da sua argumentação, praticando a inflação de valores, como a concorrência e a justiça, baseados na violência.

O estilo narrativo seguro de Paulo Honório, nos episódios que iniciam o romance, demonstra a sua confiança e a aceitação natural de sua imagem e auxilia como expediente para transmitir de modo plenamente convicto o seu ponto de vista. Como prova de sua segurança, que não abre possibilidades para conflitos existenciais, de um *ethos* definido em plenitude, o narrador-personagem exprime sua sincera indiferença face ao juízo dos outros, postura que veremos desaparecer mais adiante, quando o dialogismo se torna mais perceptível nas peculiaridades discursivas do romance:

> O veneno da *Gazeta* não me atingia: salvo se ela bulisse com os meus negócios particulares. Nesse caso só me restava pegar um pau e quebrar as costelas do Brito. (p.62)
> [...]
> Efetuei transações arriscadas, endividei-me, importei maquinismos e não prestei atenção aos que me censuravam por querer abarcar o mundo com as pernas. (p.40)
> [...]
> Como os meus planos eram volumosos e adotei processos irregulares, as pessoas comodistas julgaram-me doido e deixaram-me em paz. (ibidem, p.42)

Outro índice de segurança do discurso narrativo de Paulo Honório está no longo acúmulo de verbos, que agiliza a leitura, dando ao texto um grande movimento interno e refletindo a sua ausência de crises de consciência ou de dúvidas sobre o seu comportamento ou opinião. Lafetá (1975, p.177), ao destacar no romance a presença da técnica do sumário narrativo, verifica que o que resulta desses episódios narrados de forma brusca e objetiva, em que os eventos são muitos, é menos a sua lembrança do que a lembrança do personagem-narrador. O que sobressai não são os acontecimentos e, sim, a atitude dele: o dominante não é o evento, mas o tom em que é narrado e o que permanece é a impressão da figura de Paulo Honório.

Tomado por uma certa fixidez em sua caracterização, o personagem – auxiliado pelo esforço de aproximação do narrador ao seu perfil e pela narração e argumentação tendenciosas – tem sua postura de persuasor como uma de suas ferramentas para impedir outras possibilidades de interpretação da realidade, para sufocar possíveis maneiras diferentes de pensamento e para alterar concepções que destoem das suas e que comprometam a autenticidade do seu discurso. No plano monologizado de *São Bernardo*, vemos as vozes dos outros personagens serem habilidosamente controladas pelo narrador-personagem para preservar sua postura ideológica. Em seu trabalho de construção de uma imagem inicial de si marcada por um individualismo progressista, ele busca conduzir também o narratário pelo caminho estreito do convencimento de certos pressupostos, para realizar a exposição de suas teses e provocar a adesão, transmitir ideias e ditar seus preceitos, sempre concentrado em seus fins específicos.

2
O PODER DO DISCURSO E O DISCURSO DO PODER EM *SÃO BERNARDO*

Conforme percebemos na análise precedente dos aspectos de dominação do discurso narrativo de *São Bernardo*, a atitude persuasiva do narrador-personagem encontra-se em coexistência com a atitude autoritária, em maior ou menor grau, de acordo com as circunstâncias. Podemos dizer que o discurso de Paulo Honório, quando se apresenta unicamente persuasivo, está relacionado com a ideia de "pedido", de levar o *outro* à alteração de pensamento e de atitude por meio do convencimento pela argumentação sedutora. Quando emitido de forma autoritária, por sua vez, remete ao sentido de "ordem" e de "obrigatoriedade", de convencimento pela imposição, pela ameaça e pela coação.

A natureza indiscutível da fala de Paulo Honório, em sua instância de domínio, em que ele não admite ser questionado ou analisado, permite-nos identificar seu cunho autoritário, considerando-se o fato de que, nesse tipo de discurso, a voz do emissor é "a voz de quem comanda", pois estabelece uma tensão com o receptor em que "não" lhe "abre espaço para a existência de resposta", apresentando-se como um "eu impositivo" (Citelli, 1986, p.41).

Em seu discurso manipulador, o narrador-personagem de *São Bernardo* utiliza-se, ao lado dos procedimentos persuasivos, de formas expressivas repreensivas – repercutidas no nível da ação – que portam um sentido autoritário, com a finalidade de impor aos outros personagens, sem possibilidade de contestação, sua ideologia de dominação e exploração e os princípios que a sustentam e, assim, dar sequência a seu projeto de conquistas, no plano da diegese. Essa imposição se estende para a relação com o narratário, para quem o narrador procura imprimir um caráter de legitimidade à sua ideologia e aos meios com os quais a estabelece, ao promover o pensamento de que os fins justificam os meios na conquista e defesa do poder.

Além do objetivo de impor aos outros o pensamento baseado na propriedade privada dos meios de produção, Paulo Honório, após alcançar uma posição de poder, pretende, com seu discurso autoritário, sufocar as aspirações dos personagens sobre os quais exerce domínio. A opinião dos outros deve ser silenciada e, para isso, ele recorre à censura, ao banimento, à violência e à desqualificação deles, ao enfatizar os percursos temáticos de moralização e da manutenção da ordem como formas de proteção dos seus interesses.

Leonor Lopes Fávero, em seu ensaio *Paródia e dialogismo* (Barros; Fiorin, 1999, p.50), ressalta a correlação do estilo autoritário com o do texto monológico, ao observar que este "é um texto centrado em si mesmo, hostil às mudanças e com tendência à absolutização do estado de existência das coisas e do sistema social". O discurso autoritário de Paulo Honório apresenta-se assim, conservador, porque defende a manutenção do *status quo* por meio da reafirmação de um quadro de valores que deve ser inalterado. Para isso, é interessante para ele preservar o estado de alienação dos outros, como forma de dominação, defendendo a conservação da situação de ignorância dos seus trabalhadores pela restrição aos meios de informação e cultura:

> [...] S. excia. tornou a falar na escola. Tive vontade de dar uns apartes, mas contive-me.
> Escola! Que me importava que os outros soubessem ler ou fossem analfabetos?
> – Esses homens de governo têm um parafuso frouxo. Metam pessoal letrado na apanha da mamona. Hão de ver a colheita. (Ramos, [1934] 2001, p.42)

Apesar da consciência de que eles não passam de mão de obra facilmente substituível para a produção agrícola, Paulo Honório busca transmitir aos seus empregados, como parte do processo de alienação que realiza, a ideia de que eles são indispensáveis, importantes como indivíduos, numa forma de, elevando sua autoestima, estimulá-los a, satisfeitos, produzirem mais e, ao mesmo tempo, evitar a contestação:

> – A gente se acostuma com o que vê. E eu, desde que me entendo, vejo eleitores e as urnas. Às vezes suprimem os eleitores e as urnas: bastam livros. Mas é bom um cidadão pensar que tem influência no governo, embora não tenha nenhuma. Lá na fazenda o trabalhador mais desgraçado está convencido de que, se deixar a peroba, o serviço emperra. Eu cultivo a ilusão. E todos se interessam. (ibidem, p.66)

O discurso do poder, como forma de manter a passividade e a ordem, também alimenta a ilusão de que o capitalismo está estreitamente ligado ao conceito de democracia, permitindo a igualdade de oportunidades. Segundo avalia Fiorin (1988) em suas afirmações:

> O discurso capitalista começa a mascarar a existência de classes sociais e a naturalizar o processo social. Justifica a existência de classes com o ideologema do *self-made man*. A ascensão social (passagem do espaço inferior para o espaço superior) está aberta para todos os que dispuserem dos valores naturais de inteligência e vontade. (p.32)

> A ideia de que querer e poder são modalidades intercambiáveis é um dos fundamentos da ideologia burguesa, que preconiza que conseguem fortunas os homens dotados de vontade férrea, que todos têm acesso à riqueza, aos postos de mando na sociedade. Basta que a pessoa queira fazer os sacrifícios indispensáveis para isso. (ibidem, p.82)

Para manter o estado de coisas inalterado, Paulo Honório, reiteradamente, procura mostrar-se aos outros como exemplo, símbolo da ascensão que uma sociedade fundada na livre concorrência e apropriação de bens permite, apesar de estar ciente de que, na realidade particular em que se encontram, querer e poder são modalidades distintas.

Dentro dessa visão de mundo que Paulo Honório propaga, a virtude que resta aos subordinados, desprovidos das mesmas qualidades que as dele (que supostamente seriam a força de vontade e a inteligência), é a obediência às suas decisões. Como novo representante de uma elite considerada detentora da competência no plano do saber, responsável pelas decisões, Paulo Honório imprime a linha a ser seguida correspondente aos ideais situacionistas, pois seu discurso repousa sobre o conceito de individualidade e de obediência à ordem. No entanto, carrega em si certas contradições e imposturas, pois Paulo Honório impõe obediência a certos valores aos seus dominados. Cultiva a ilusão de que, em conformidade com as leis, a moralidade e a religião, possam ascender financeiramente por conta própria, mas ele próprio só consegue sobressair-se e conquistar poder burlando esse sistema de valores: ao mesmo tempo em que propõe a ordem aos subordinados, ele opera o caos, ao entrar em confronto e agir de forma desonesta e violenta com os outros poderosos, como Mendonça e Dr. Sampaio, para suprimi-los. Ou seja, Paulo Honório adota o discurso conservador no momento em que lhe é conveniente, numa relação de falso moralismo com os empregados, como no caso de Padilha: "Era ateu e transformista. Depois que eu o havia desembaraçado da fazenda, manifestava ideias sanguinárias e pregava, cochichando, o extermínio dos burgueses". (Ramos, [1934] 2001, p.52).

Em determinados momentos, o discurso de Paulo Honório na relação personagem-personagem não corresponde às suas ações, sendo abertamente dominado pelo tom da hipocrisia. Com a representação, em *São Bernardo*, de um capitalismo ainda nascente e contraditório no ambiente rural nordestino do início da década de 1930, marcado pelo absoluto domínio exercido pela classe latifundiária, cabem também aqui as considerações de Roberto Schwarz (2000) – em seu estudo sobre *Memórias Póstumas de Brás Cubas* e o processo social brasileiro no fim do século XIX retratado no livro de Machado de Assis – de que a classe dominante brasileira se beneficia com as prerrogativas do molde da civilização contemporânea burguesa liberal europeia. Segundo Schwarz, no Brasil pré-capitalista, a lei existe para ser evocada e desrespeitada pelos seus beneficiários, revelando a posição da nossa elite, vinculada ao padrão burguês moderno, mas em divergência escandalosa com ele no plano das relações sociológicas, em que predomina o conservadorismo.

Na sua relação com o narratário, Paulo Honório, de acordo com a naturalidade que a convicção da autenticidade dos seus próprios atos, no passado, transmite, declara explicitamente a necessidade de sustentar essa conduta incoerente para alcançar seus objetivos e manter sua privilegiada posição de domínio. Segundo o seu discurso, qualquer atitude se torna válida no processo de apropriação e na defesa do capital: "[...] E como sempre tive a intenção de possuir as terras de São Bernardo, considerei legítimas as ações que me levaram a obtê-las." (ibidem, p.39)

Repreensão e violência: armas de supressão da voz alheia

Na relação com os outros personagens, o caráter autoritário do discurso de Paulo Honório pode ser definido não apenas pelo teor tirânico que imprime em seu diálogo, mas também pelo relato de suas ações violentas contra eles. Segundo Bakhtin (1988, p.136), no romance, o homem, na sua essência e no seu modo de pensar, não é representado apenas como falante:

> [...] ele pode agir, não menos que no drama ou na epopeia – mas sua ação é sempre iluminada ideologicamente, é sempre associada ao discurso (ainda que virtual), a um motivo ideológico, e ocupa uma posição ideológica definida. A ação, o comportamento do personagem no romance são indispensáveis tanto para a revelação como para a experimentação de sua posição ideológica, de sua palavra.

Para impedir conflitos e revoltas de seus dominados, Paulo Honório tenta, por meio da censura, ocultar os sinais de oposição às normas implantadas na fazenda que possam revelar a verdadeira natureza do seu sistema de exploração. Para defender seus interesses e garantir a manutenção da ordem, uma das atitudes tomadas por ele é a punição dos subversivos pelo emprego da violência, medida eficaz para um ambiente coletivo, porquanto intimida e dá o exemplo a todos.

Entretanto, sempre que emprega a violência, além de outros atos ilícitos, Paulo Honório procura fundamentá-la segundo o seu sistema de valores, conforme observa Candido (1992, p.30), ao ressaltar que, no seu percurso obsessivo de acumular bens materiais, estabelecido como meta de vida, toda atitude se torna válida: "justificaram-se as liquidações sumárias de vizinhos incômodos, a corrupção de funcionários e jornalistas, a brutalização dos subordinados".

Nesses casos, faz-se necessário o aparecimento da traição para que o narrador-personagem garanta a coerência do seu discurso de dominação, pois sem a ruptura do contrato entre dominador e dominado não se poderia justificar a violência, a manutenção do equilíbrio por meio da força. Os que de algum modo resistem à ideologia de Paulo Honório exercem o papel temático de traidores, pois estes "tem outro querer-ser", nas palavras de Fiorin (1988, p.43). Ir contra o comando de Paulo Honório é trair, pois é ir contra o seu pensamento, é ameaçar seus interesses. Esse raciocínio justifica toda a repressão contra as oposições. No processo de punição, Paulo Honório geralmente não se demonstra responsável pelo que faz, segundo o seu discurso, pois é o traidor quem radicaliza, obrigando-o a um fazer defensivo. Ele realiza uma transferência de responsabilidade, ao tentar fazer que a sua *performance* se torne "a sanção de um fazer alheio", conforme Fiorin (1988, p.75) define a atitude de punição do traidor.

Padilha, por exemplo, em disjunção com a ordem imposta por Paulo Honório e com o contrato de confiança, corresponde a um traidor, que remete à conjunção com o caos, no episódio em que tenta infundir as ideias "subversivas" do comunismo em Marciano e Casimiro Lopes: "– Um roubo. É o que tem sido mostrado categoricamente pelos filósofos e vem nos livros. Vejam: mais de uma légua de terra, casas, mata, açude, gado, tudo de um homem. Não está certo" (Ramos, [1934] 2001, p.58).

Ao ouvir as declarações inconformadas de Padilha, que recebem a aprovação e o apoio de Marciano, Paulo Honório surpreende-os e, então, coloca em prática os seus recursos, que caracterizam o exercício do autoritarismo, para reprimir a manifestação opositiva:

DIALOGISMO E IRONIA EM *SÃO BERNARDO*, DE GRACILIANO RAMOS

Atirei uma porção de desaforos aos dois, mandei que arrumassem a trouxa, fossem para a casa do diabo.
– Em minha terra não, acabei, já rouco. Puxem! Das cancelas para dentro ninguém mija fora do caco. Peguem suas burundangas e danem-se. Com um professor assim, estou bonito. Dou por visto o que este sem vergonha ensina aos alunos.
[...]
À noite reuni Marciano e Padilha na sala de jantar, berrei um sermão comprido para demonstrar que era eu que trabalhava para eles. Mas atrapalhei-me e contentei-me com injuriá-los:
– Mal agradecidos, estúpidos.
Amunhecaram, e baixei a pancada:
– Juízo de galinha. Embarcando em canoa furada! Tontos.
Dei-lhes conselhos. Encontrando macieza, Luiz Padilha quis discutir; tornei a zangar-me, e ele se convenceu de que não tinha razão. Marciano encolhia-se, levantava os ombros e intentava meter a cabeça dentro do corpo. Parecia um cágado. Padilha roia as unhas.
– Por esta vez passa. Mas se me constar que vocês andam com saltos de pulga, chamo o delegado de polícia, que isto aqui não é a Rússia, estão ouvindo? E sumam-se. (ibidem, p.60)

Nessa ocasião específica, no lugar de puni-los fisicamente, como faz em outras circunstâncias, Paulo Honório estabelece uma troca com os dois rebeldes, mascarada na forma de perdão: o fazendeiro deixa-os permanecerem na fazenda em troca de não exporem mais seus pensamentos críticos, de calarem-se. Para Paulo Honório ser capaz de propor a troca, é preciso, primeiro, culpabilizar os seus beneficiários, colocando-os na posição de traidores e merecedores de punição. O benefício do perdão a eles concedido, como renúncia da vingança, pressupõe o exercício da instância do poder por Paulo Honório; com ele subentende-se a hierarquia, a distinção das partes contrastantes: dominante *vs.* dominado.

Após a violência psicológica que pratica contra os dois empregados, humilhando-os e prometendo bani-los da fazenda, ao mostrar-se injustiçado, Paulo Honório deixa que permaneçam, para que eles, ao serem perdoados, sintam-se culpados. Ao colocá-los na categoria de traidores, tenta operar uma alteração de pensamento, fazendo-os crer que cometeram um ato de ingratidão ao criticá-lo: "berrei um sermão comprido para demonstrar que era eu que trabalhava para eles" (ibidem, p.60). Com a declaração da atitude de dar-lhes um "sermão" e "conselhos", o narrador-personagem os situa numa posição de inferioridade, reduzindo-os à condição de seres ingênuos, inconscientes do ato "equivocado" que praticaram, que necessitam de orientação de sua parte, no papel de detentor do saber.

Na tentativa de Padilha de replicar as palavras de Paulo Honório, apesar da persuasão coercitiva que este procura exercer, o fazendeiro mostra como, de forma ameaçadora e impositiva, faz calar a voz que busca entrar em conflito com a sua: "Encontrando macieza, Luís Padilha quis discutir; tornei a zangar-me, e ele se convenceu de que não tinha razão" (ibidem, p.60). No entanto, ele atribui, em sua narração, o convencimento como uma atitude autônoma de Padilha, como uma iniciativa própria dele, ao empregar a forma verbal reflexiva "se convenceu", ao invés da forma passiva "foi convencido", que o apontaria como o agente da ação.

Ao final da repreensão, Paulo Honório ameaça Padilha e Marciano novamente, caso reincidam no "erro", recorrendo à menção à autoridade policial – instituição que trabalha a seu favor, pois garante o cumprimento das leis que protegem os poderosos – como forma de intimidá-los e fazê-los crer que enunciar-se de maneira discordante à ordem estabelecida é um ato criminoso. Contudo, por não puni-los com severidade, deixa entrever não se importar com a opinião deles, por considerá-los inofensivos, conforme denota pela redução que faz de suas imagens ao nível da inocência, como já vimos, pelas qualificações depreciativas que lhes aplica e pelas suas próprias afirmações posteriores, em tom despreocupado: "Lorotas. Todos esses malucos dormem demais, falam à toa." (ibidem, p.60). A postura de impassibilidade em relação ao caso, denominado por Paulo Honório como um "pequeno contratempo", consolida-se com a atitude narrativa de encerrá-lo bruscamente, com a retomada de um pensamento que o ocupava anteriormente, ao voltar suas preocupações novamente para a procura de uma esposa: "E recomecei a elaborar mentalmente a mulher a que me referi no princípio deste capítulo" (ibidem, p.60). Paulo Honório, nessa parte do romance, apesar de repreender os opositores como medida de prevenção, para evitar a exposição de ideias que possam vir a influenciar os outros empregados, mostra-se indiferente à opinião alheia sobre si e sobre suas atitudes, mantendo-se inabalável diante de qualquer tipo de crítica, em sua posição superior.

O jornalista Costa Brito, ao voltar-se, por conveniência, contra o governo e os defensores da situação e ameaçar a ordem vigente que beneficia e protege os poderosos, opõe-se aos interesses particulares de Paulo Honório: "Costa Brito tinha virado. A *Gazeta*, que sempre louvara furiosamente o governo, fugira para a oposição, por causa de um emprego de deputado estadual, e achava a administração pública desorganizada, entregue a homens incompetentes. [...]" (ibidem, p.61). Além disso, passa a atacá-lo publicamente, de forma específica, pois Paulo Honório se recusa a submeter-se à sua chantagem e colaborar financeiramente com o seu jornal, conforme vemos em seu pronunciamento: "– Quem pariu mateu que o balance. Uma ou outra facada razoável, com moderação, vá. Ameaças, não. Chantagem, não" (ibidem, p.62).

Ao referir-se à *Gazeta*, instrumento por meio do qual Costa Brito se pronuncia, Paulo Honório, constantemente, realiza uma personificação do noticiário, ao atribuir-lhe qualificativos humanos, o que faz que a sua imagem se confunda com a do próprio jornalista, num processo metonímico em que a instituição fala por seu dirigente: "a *Gazeta*, que sempre louvara furiosamente..."; "o veneno da *Gazeta*..."; "a *Gazeta* entrou a difamar-me"; "esfomeada *Gazeta*", "indecente, aquela *Gazeta*". Desse modo, as publicações do jornal tornam-se a voz viva e discordante de um *outro* que Paulo Honório precisa suprimir e, para isso, ele escolhe o recurso à violência, pois não admite negociar com Costa Brito para comprar-lhe o silêncio, uma vez que este, ao chantageá-lo, o coloca na posição de explorado e exerce, de certa forma, um domínio sobre ele. Em outras ocasiões, Paulo Honório considera justo e natural pagar para que o jornal publique notas a seu favor, que lhe tragam benefícios, pois, nesses casos, sua situação é a de dominador, sendo ele quem controla o outro.

A surra de chicote aplicada em Costa Brito é justificada pela traição contra Paulo Honório, pois aquele rompe com o contrato de confiança ao publicar artigos que denunciam os desmandos e comprometem a reputação do fazendeiro. Essas denúncias poderiam acarretar o desprestígio de Paulo Honório perante os poderosos, o que seria prejudicial para os seus negócios. A dignidade pessoal baseada na imagem que os outros fazem dele, na verdade, não lhe importa. É no prejuízo financeiro que reside sua preocupação real, tanto que não hesita em punir o jornalista em praça pública. Após aplicar o castigo em Brito, Paulo Honório tenta, aparentemente, alternando o seu discurso, amenizar a atitude chantagista do outro, não julgá-la como mal-intencionada, mas como uma demonstração de fraqueza e necessidade. No procedimento de procurar ver boas qualidades em Brito, ele, inversamente, salienta a má índole do jornalista e, ao mesmo tempo, faculta para si a virtude da nobreza de espírito, por saber compreender e perdoar. Segundo sua fala, Costa Brito não voltaria a perturbá-lo porque tem bom coração e não porque foi violentado, desviando, desse modo, o real motivo da mudança de atitude do outro personagem:

> E reconciliado com o Brito, confessei a mim mesmo que ele tinha bom coração e provavelmente não reincidiria. (p.73)
> [...]
> – Imagine como nos assustamos, acrescentou o vigário. Um escândalo! É verdade que o Costa Brito andou mal.
> – Andou. Necessidade. Ele não é ruim. Queria duzentos mil-réis coitado, e eu torci o corpo. [...] (ibidem, p.82)

Em outros casos, para não sair vitorioso, o traidor deve ser eliminado, segundo a concepção de mundo de Paulo Honório do "olho por olho", fundada numa visão de sociedade assentada sobre a competição e a violência. Essa perspectiva sobre as relações sociais busca fundamentar a punição: é preciso suprimir os outros para não ser suprimido.

O proprietário vizinho, Mendonça, é assassinado porque oferece ameaça a Paulo Honório: primeiro, ao seu patrimônio, por insistir em avançar com a cerca sobre suas terras; depois, à sua vida, com o surgimento de eventuais aparições de capangas do vizinho a rondar sua casa à noite. O assassinato, assim, legitima-se pela necessidade de autodefesa, apesar de o narrador-personagem não assumir explicitamente a autoria do crime. Contudo, mais do que uma ameaça à vida de Paulo Honório, Mendonça representa o atraso, a morosidade, a acomodação e a falta de dinamismo na administração rural, atributos que não se enquadram ao novo sistema produtivo que prioriza a expansão quantitativa. Para Paulo Honório, é absurdo que parte de suas terras, que poderiam gerar renda, estejam improdutivas nas mãos do vizinho. Mendonça, em seu regime arcaico, como proprietário, forma uma imagem oposta à de Paulo Honório, que considera os métodos daquele ultrapassados, não havendo, portanto, coincidência de ideias entre os dois em relação à maneira de conduzirem os negócios.

Como pudemos constatar, a violência praticada por Paulo Honório legitima-se à medida que os outros não aceitam as normas e a visão de mundo que ele impõe. Assim, se eles não aceitam suas leis, elas não os podem reger e, portanto, toda medida contra eles, por meio cruel ou brutal que seja, está moralmente justificada. Todos os que se apresentam contrários à sua ideologia ou, de alguma maneira, atrapalham o seu projeto de acumular riqueza, são constrangidos a renunciar às suas formas individuais de pensamento e a aderir ao seu sistema, caso contrário, são punidos com severidade ou eliminados.

A desqualificação do outro como subtração do seu ponto de vista

Para abafar as vozes que tentam gerar conflito e evitar a presença de múltiplas posições, com o objetivo de preservar a condição de verdade única e incontestável das suas concepções, Paulo Honório, ao mesmo tempo em que, no plano da diegese, recorre ao emprego da repressão e da violência contra os outros personagens, utiliza meios de desqualificá-los no plano da narração. Essa prática aparece de maneira mais intensa nos primeiros capítulos, quando ele narra o processo de aquisição e reestruturação da fazenda. Podemos considerar esse recurso como uma vertente do seu discurso autoritário e, consequentemente, corroborador para a propensão dessa fase inicial do romance a um estatuto monologizado, levando em conta a afirmação de Fiorin (1988, p.73), em relação à intencionalidade dessa estratégia discursiva, de que "desqualificar o outro é negar a possibilidade de existência de alteridade e afirmar que só a identidade é possível".

Na relação com o narratário, as qualificações semânticas depreciativas que o narrador aplica aos outros personagens servem para estigmatizá-los. Com isso, o que se quer é diminuí-los e criar uma imagem desprezível deles, para que os seus pontos de vista não mereçam sequer exame. Ele os rebaixa a um nível de alienação que torna nulas suas opiniões individuais, ao apresentá-los desprovidos de consciência. Se eles encontram-se num nível inferior ao do protagonista, a tendência é que a visão deste seja privilegiada pelo narratário. Essa forma de apresentação também impede um aprofundamento psicológico desses personagens, limitando a sua identificação pelos aspectos superficiais que lhes são dados, tentando produzir deles uma imagem estática. Remete-nos à atitude conclusiva do enunciador do romance monológico que, segundo Bakhtin (2005, p.69), manifesta-se particularmente no fato de ele lançar "suspeita objetificante" sobre todo ponto de vista que não partilhe, "coisificando-o em diferentes graus".

Para desqualificar os outros, Paulo Honório utiliza-se, principalmente, de símiles animalizadoras e reificantes em sua narração, realizando uma despersonificação de suas imagens e avaliando-os negativamente como simples integrantes de uma coletividade, conforme veremos a seguir.

Animalização e privação de consciência

Na atitude de desqualificar o *outro*, o narrador-protagonista recorre ao processo de animalização ou zoomorfização dos demais personagens, ao reduzi-los a um nível infra-humano, equiparado ao dos animais. Fiorin (1996, p.90) esclarece esse processo como a atribuição de qualificações ou funções que possuem o traço *animado não humano* a atores que apresentam o traço *humano*.

A animalização que Paulo Honório emprega em seu discurso é uma forma de justificar ao narratário o seu sistema de dominação pela alienação, que inculca a resignação e faz que os outros sujeitos submetam-se a ele. As qualificações semânticas permanentes negam qualquer possibilidade de mudança no *querer-ser* ou *querer-fazer* desses personagens. Ao relacioná-los com bichos, o narrador também procura colocar em dúvida sua integridade, ridicularizá-los ou diminuí-los, como meio de anular a validade de um discurso que, porventura, venham proferir.

A imagem animalizadora que constrói de Luis Padilha reflete o sentimento de desprezo que o narrador-personagem tem em relação a ele, e que deseja passar ao narratário; destaca a sua insignificância e o situa num patamar em que suas opiniões, críticas e protestos não têm valor, pois não são dignos de consideração. Remete ao feitio do indivíduo movido pelo senso de oportunidade, que se apresenta facilmente moldável às circunstâncias e conveniências, minando, assim, a consistência e as intenções elevadas do seu discurso, que enaltece os princípios do socialismo:

> Padilha, meio desconcertado, rosnou, agarrando-se ao osso:
> – Eu não disse que não aceitava. O que disse é que tenho muitas ocupações. Mas perguntei qual é o ordenado. (p.48)
> [...]
> Coitado! Tão miúdo, tão chato, parecia um percevejo. (Ramos, [1934] 2001, p.49)

Outro exemplo da animalização de Padilha, como já vimos, é dado no processo de tomada da fazenda São Bernardo por Paulo Honório, em que o narrador-personagem desqualifica-lhe o saber, ao mostrá-lo, aludindo à imagem do rato, como um ser instintivo, previsível e, portanto, facilmente manipulável. Em relação ao jornalista Costa Brito, Paulo Honório utiliza termos animalizadores para depreciar o seu caráter e apresentar, de maneira negativa, a sua índole ao narratário. Desse modo, pode condenar as acusações que o outro faz na *Gazeta* a seu respeito como tendenciosas e injustas e, com isso, fundamentar a violência contra ele: "Voltei pelo mesmo caminho e estive uma hora no relógio oficial, observando os passageiros dos bondes de Ponta-da-Terra. Afinal, surgiu o focinho de rato do Brito" (ibidem, p.72).

O jagunço Casimiro Lopes é um dos exemplos mais evidentes, no texto, de personagem animalizado pelo narrador. A intenção deste, com esse processo, é mostrar a extrema rudeza do personagem, seu comportamento primitivo e, principalmente, sua fidelidade instintiva e absoluta, sem reflexão das ações que pratica e sem contestar seu lugar e função no mundo. Casimiro vive simplesmente da maneira que lhe é imposta e aceita como natural sua condição, sem indagar-se se ela é boa ou ruim, pois para ele "as coisas desde o começo do mundo tinham dono" (ibidem, p.58). Devido a essa sua ausência de questionamento, ele é a única pessoa em quem Paulo Honório confia plenamente:

> Afinal, cansado daquela vida de cigano, voltei para a mata. Casimiro Lopes, que não bebia água na ribeira do Navio, acompanhou-me. Gosto dele. É corajoso, laça, rasteja, tem faro de cão e fidelidade de cão. (p.14)
>
> [...] Casimiro Lopes, que vigiava a casa, sentou-se numa das paredes começadas da igreja, acomodou o rifle entre as pernas e ficou imóvel, farejando. (p.49)
> [...]
> Na casa grande, que Tubarão e Casimiro Lopes guardavam, a vida era uma tristeza, um aborrecimento. (ibidem, p.134)

O narrador nivela Casimiro Lopes à condição animal, ou mesmo inferior a esta, como nota-se no último fragmento citado, ao mencionar o nome do capataz posteriormente ao do cachorro Tubarão, colocando sua importância à margem da do cão. Os atributos e ações animais justificam a cômoda relação de domínio que Paulo Honório tem com Casimiro, em que este se subordina, invariavelmente. A particular referência à espécie canina insere Casimiro Lopes na categoria do animal doméstico, que tem seu comportamento orientado pelo condicionamento. Com isso, apesar de revelar a sua condição negativa de ser dominado, não há um sentimento de desprezo embutido nas qualificações de Casimiro, como ocorre com os outros personagens, mas, sim, certa empatia do narrador para com ele e o reconhecimento de seus valores, tais como a lealdade e a eficiência.

A aproximação da imagem de Casimiro com a de um animal ainda é proporcionada pela particularidade, que compõe a rusticidade do personagem, da restrição em relação ao atributo da fala, da linguagem oral, característico da espécie humana. Ele apresenta extrema dificuldade em comunicar-se através de palavras, não sabe articulá-las e possui um vocabulário parco, o que faz que se expresse predominantemente de forma gestual ou por emissão de sons, assobiando ou aboiando.

A consideração do vaqueiro Marciano também como bicho permite que ele seja castigado como tal, para que sejam reprimidas suas tentativas de manifestação e suas desobediências. Paulo Honório, desse modo, cria o pretexto para o emprego da violência como forma de dominação e para reputar o caráter alienado do funcionário como qualidade inata:

[...] Essa gente faz o que se manda, mas não vai sem pancada. E Marciano não é propriamente um homem. (p.110)

[...] E, subindo uma vereda, a figurinha de Marciano colava-se às reses. (ibidem, p.120)

Com as qualificações estáveis dos empregados como seres estúpidos e de temperamento pacífico, dadas pela inferiorização a que são submetidos, que os classifica no nível da irracionalidade, o narrador expõe a condição de "reses", de seres domados em que eles se encontram. Ao mesmo tempo, deseja delegar a eles próprios a responsabilidade pelo seu "conformismo" e justificar o estado de coisas, pois, a partir desses atributos, deixa entrever que os empregados são resignados e conservadores por natureza.

A imagem utilitária do outro no universo reificado

Em sua atitude de mando e de aproveitamento do esforço alheio, Paulo Honório constrói o seu patrimônio, numa relação desumanizada com os outros, em que os sentimentos são sobrepostos pelos interesses. Ele percebe o mundo e os homens segundo uma visão prática, julgando-os pela vantagem ou prejuízo que lhe podem trazer. Os subalternos são considerados apenas do ponto de vista da quantidade de trabalho que podem oferecer e, desse modo, alienados, entram num processo de reificação, reduzidos a objeto possuído.

Lafetá (1975, p.187-8), ao discorrer sobre o conceito de reificação e seu processo, apontando suas causas e efeitos, coloca que esta é uma das "consequências da produção para o mercado"; é uma característica do capitalismo e opera o "afastamento e a abstração de toda qualidade sensível das coisas, que é substituída na mente humana pela noção de quantidade". E, com ela,

> [...] toda relação humana se transforma – destruidoramente – numa relação entre coisas, entre possuído e possuidor. [...] As características do modo de produção infiltram-se na consciência que o homem tem do mundo, condicionando seu modo de ver e compondo-lhe, portanto, a personalidade.

Antonio Candido, em *Ficção e confissão* (1992), com a primeira edição datada de 1955[1], foi o primeiro crítico a apontar a visão reificante do protagonista, ao referir-se ao "sentimento de propriedade" que o guia, observando que, para Paulo Honório, "o próximo lhe interessa na medida em que está ligado aos seus negócios, e na ética dos números não há lugar para o luxo do desinteresse." (Candido [1956] 1992, p.25).

---

1 Antes de sair em 1955 como posfácio à terceira edição de *Caetés*, o ensaio "Ficção e confissão", de Antonio Candido, teve uma primeira versão publicada em 1945 no *Diário de S. Paulo* ("Notas de crítica Literária – Graciliano Ramos", partes I, II, III, IV, V e Conclusão, publicação semanal, de 4 de outubro a 1 de novembro). Cf. Dantas, 2002, p. 69. Cf. também a "Carta de Graciliano a Antonio Candido", datada de 12 de novembro de 1945, in Candido, 1992, p.7-9.

Mais tarde, o tema, no romance, foi explorado por Costa Lima (1969), num ensaio em que aborda a reificação praticada em todos os níveis da existência como causa da tragédia final do personagem, comparando-o à figura mitológica do rei Midas, contemplado pela graça, que se torna maldição, de transformar tudo que toca em ouro. Nosso propósito, porém, restringe-se a focalizar a funcionalidade da visão reificante de Paulo Honório sobre os outros personagens e sobre as relações que mantém com eles; verificar como o narrador-personagem desenvolve esse processo, utilizando-se de procedimentos estilísticos que têm a finalidade de desvalorizar o discurso do *outro*, para manter a unicidade de sua ideologia e executar seu projeto de dominação, configurando-o como uma variante do seu autoritarismo.

Pela influência, prestígio e poder dos quais Paulo Honório demonstra dispor para fazer seu livro, temos uma amostra de sua atitude autoritária, da relação com os outros baseada na hierarquia e na obediência:

> Estive uma semana bastante animado, em conferência com os principais colaboradores, e já via os volumes expostos, um milheiro vendido graças aos elogios que, agora com a morte do Costa Brito, eu meteria na esfomeada *Gazeta*, mediante lambujem. (Ramos, [1934] 2001, p.5)

Nesse processo inicial de planejamento, o narrador apresenta, numa alusão metalinguística, uma imagem puramente prática e materialista do papel do escritor, totalmente inversa àquela visão do trabalho do artista como forma de catarse ou como fruto de inspiração divina. Na sua perspectiva reificante, Paulo Honório, antes de iniciar o seu livro, pensa prioritariamente no lucro que a publicação lhe trará, com a compra dos comentários favoráveis da crítica, não se importando com o valor artístico e a qualidade da obra, mas, sim, com o seu valor material. Conforme observa Rui Mourão (1978, p.169), Paulo Honório "jamais se voltaria para a arte se dela não pudesse tirar proveito".

Os planos para a feitura do livro, ao retratarem o poder que o personagem exerce sobre os outros, dão mostras de como o seu comportamento e sua perspectiva são caracterizados pela reificação, ao fazer uma clara apologia ao modo de produção capitalista, optando, inicialmente, em proceder "pela divisão do trabalho". A maneira de distribuir tarefas para a imediata execução do plano estabelecido de escrever o livro e a capacidade de comando, de determinar os meios para alcançar os objetivos, deflagram o perfil manipulador de Paulo Honório. Os companheiros escolhidos para contribuir na composição reduzem-se a instrumentos, meros executores das suas ideias. A partir do seu ponto de vista utilitarista, Paulo Honório instaura um processo de coisificação dos outros: ele usa as pessoas como ferramentas ou máquinas, substituindo-as sem constrangimentos ou subterfúgios, conforme o desempenho delas corresponda ou não ao trabalho exigido. Agem assim, por exemplo, referindo-se a padre Silvestre: "Afastei-o da combinação e concentrei as minhas esperanças em Lúcio Gomes de Azevedo Gondim, periodista de boa índole e que escreve o que lhe mandam" (Ramos, [1934] 2001, p.6).

A expressão "afastei-o" denota o poder manipulador de Paulo Honório e o seu caráter explorador, que usa as pessoas segundo suas intenções, como objetos, escolhendo-as, convocando-as e dispensando-as baseado na contribuição e eficiência que podem oferecer. Em relação a Azevedo Gondim, diz:

> [...] Comentava os telegramas dos jornais, atacava o governo, bebia um copo de conhaque que Maria das Dores lhe trazia e, sentindo-se necessário, comandava com submissão:
> – Vamos a isso. (ibidem, p.6)

Comandar com submissão é um paradoxo revelador da condição de inferioridade de Gondim, que o narrador não deixa ser esquecida, apesar da maior competência do jornalista para a escrita. A expressão "sentindo-se necessário", empregada pelo narrador, busca mostrar que, na realidade, Gondim não é necessário, mas substituível, apesar dele não ter consciência disso. Essa notação de Paulo Honório concede um certo tom patético ao comportamento do outro personagem, ao ser colocado numa posição superior que não lhe cabe e, assim, desqualifica-o ante o narratário.

Paulo Honório põe em evidência sua posição de domínio, ao proceder a uma desqualificação de Gondim como indivíduo, mostrando a sua condição de receptor passivo. Como em outros casos, ele desvaloriza a importância do jornalista, ao realizar uma coisificação de sua imagem, empregando qualificações e funções que têm o traço *inanimado* em um ator que contém o traço *animado*: "[...] Eu por mim, entusiasmado com o assunto, esquecia constantemente a natureza do Gondim e chegava a considerá-lo uma espécie de folha de papel destinada a receber as ideias confusas que me fervilhavam na cabeça" (ibidem, p.6).

Ao repelir o auxílio de Gondim, pois percebe que o pensamento dele não está ajustado ao seu em relação à construção do livro, a voz de Paulo Honório domina o diálogo entre os dois. O narrador-personagem apresenta suas falas em forma de discurso direto, enquanto emite as de Gondim por meio do discurso indireto, abafando a réplica e os argumentos deste e colocando em relevo a atitude de submissão do jornalista, em sua posição inferior, ao ser humilhado:

–Vá para o inferno, Gondim. Você acanalhou o troço. Está pernóstico, está safado, está idiota. Há lá ninguém que fale dessa forma!
Azevedo Gondim apagou o sorriso, engoliu em seco, apanhou os cacos da sua pequenina vaidade e replicou amuado que um artista não pode escrever como fala.
– Não pode? Perguntei com assombro. E por quê?
Azevedo Gondim respondeu que não pode porque não pode. (ibidem, p.7)

Com o advogado João Nogueira, Paulo Honório deixa claro não haver, na realidade, relação de amizade, mas de negócios e consideração por serviços prestados, como se percebe pela maneira distanciada como se refere a ele. O protagonista pensa no outro relacionando o valor que ele lhe custa e os benefícios que lhe oferece:

[...] E a mim, que lhe dava quatro contos e oitocentos por ano para ajudar-me com leis a melhorar São Bernardo, exibia ideias corretas e algum pedantismo. Eu tratava-o por doutor: não poderia tratá-lo com familiaridade. Julgava-me superior a ele, embora possuindo menos ciência e menos manha. Até certo ponto parecia-me que as habilidades dele mereciam desprezo. Mas eram úteis – e havia entre nós muita consideração. (ibidem, p.44)

Nogueira também não passa de instrumento de utilização do fazendeiro. Referindo-se a ele de maneira depreciativa, Paulo Honório considera-o inferior, pois, apesar de ter maior instrução e título de bacharel, João Nogueira não consegue autonomia e sucesso financeiro, restringindo-se à condição de mais um de seus dependentes. Paulo Honório, em seu discurso, torna saliente que a relação entre os dois é de patrão e subordinado. As pessoas, no seu pensamento reificado, são julgadas e avaliadas por aquilo que possuem, não importando os laços de amizade, o caráter ou o nível cultural.

Em relação à Margarida, a forma impessoal com que o narrador-personagem se refere a ela, designando-a como "a negra", "a mulher", "a velha", estabelece um distanciamento entre os dois: "– Ó Gondim, já que tomou a empreitada, peça ao vigário que escreva ao padre Soares sobre a remessa da negra. Acho que acompanho vocês, vou falar a padre Silvestre. É conveniente que a mulher seja remetida com cuidado, para não se estragar na viagem." (ibidem, p.48). A maneira coisificante com que se exprime em relação à mãe de criação, ao empregar vocábulos como "remessa", "remetida" e "estragar" – referentes a produtos inanimados e geralmente comerciáveis – na ocasião do transporte dela para a fazenda, e o modo como tenta encontrá-la, a partir da publicação de anúncios nos jornais em que oferece recompensa em troca de informações sobre o seu paradeiro, equiparando-a a uma mercadoria perdida, produzem a impressão de que, ao lado da atitude de gratidão, há a intenção de controle e posse, apesar de ela não lhe oferecer riscos ou oposição.

O empenho de Paulo Honório em encontrar Margarida e levá-la para viver sob sua proteção presume um desejo inconsciente de domínio sobre a única pessoa que exerceu poder sobre ele em determinado momento de sua vida. A vontade de retribuir o auxílio parece revelar o desejo de livrar-se da sensação incômoda de dívida, de inferioridade, por ter dependido da ajuda desinteressada de alguém:

[...] A velha Margarida mora aqui em São Bernardo, numa casinha limpa, e ninguém a incomoda. Custa-me dez mil-réis por semana, quantia suficiente para compensar o bocado que me deu. Tem um século, e qualquer dia destes compro-lhe mortalha e mando enterrá-la perto do altar-mor da capela. (ibidem, p.11)

Ao realizar seu intento, com a declaração de que a velha mora em sua fazenda e custa-lhe "dez mil-réis por semana", Paulo Honório consegue sanar a dívida e inverter a relação de dependência que existiu entre os dois. A demonstração de gratidão, ou o pagamento da dívida, no seu modo de ser, orientado pela reificação, é feita pela recompensa material à Margarida, revelando a incapacidade do personagem de exprimir afeto de outra maneira.

A religião também é vista por Paulo Honório de forma funcional e materialista, pois auxilia na defesa de seus interesses, trabalhando em favor dos poderosos e garantindo a manutenção da ordem da sociedade. É um instrumento de alienação da classe pobre que, devido a ela, resigna-se a viver em estado de carência, na ilusão de salvação e recompensa, após a morte, pelos sofrimentos e injustiças de que é vítima:

A verdade é que não me preocupo muito com o outro mundo. Admito Deus, pagador celeste dos meus trabalhadores, mal remunerados cá na terra, e admito o diabo, futuro carrasco do ladrão que me furtou uma vaca de raça. Tenho portanto um pouco de religião, embora julgue que, em parte, ela é dispensável num homem. (ibidem, p.133)

Paulo Honório também opera uma reificação dos laços afetivos ao tratar o casamento como um negócio. Para ele, o matrimônio tem função exclusivamente prática: a esposa seria apenas o instrumento utilizado para obter um filho, um herdeiro para seu patrimônio, que dê continuidade ao seu projeto de dominação e acumulação. Dentre as mulheres próximas, escolhe Madalena, a que mais parece adequar-se ao seu sistema de valores, segundo suas primeiras impressões. Nesse caso, a mulher é vista também de forma pragmática, apenas na sua função procriadora:

[...] Não me sentia, pois, inclinado para nenhuma: o que sentia era desejo de preparar um herdeiro para as terras de S. Bernardo. (p.57)

[...] A senhora, pelo que mostra e pelas informações que peguei, é sisuda, econômica, sabe onde tem as ventas e pode dar uma boa mãe de família. (ibidem, p.88)

Madalena, assim como todos os outros, deve ser mais um objeto, coisa a ser possuída e controlada por Paulo Honório: "– Está aí. Resolvi escolher uma companheira. E como a senhora me quadra..." (ibidem, p.88). A atitude de "resolver escolher" revela a imagem que Paulo Honório tem da mulher como objeto ao seu alcance, como tudo o mais, e a sua postura habitual de ter a decisão exclusivamente em suas mãos, negando o direito de opção aos outros.

Podemos notar que, nos processos de animalização e de coisificação, os outros, muitas vezes, perdem sua identidade e dissolvem-se num todo. Ou seja, do ponto de vista da totalidade, são levados em consideração apenas os traços que eles partilham entre si. Constituem o que se denomina "ator coletivo" (Fiorin, 1988, p.38), em que os atributos são os traços comuns a todos os constituintes que participam da totalidade. Nega-se a individualidade de cada constituinte para afirmar o seu caráter partitivo:

[...] Essa gente quase nunca morre direito. Uns são levados pela cobra, outros pela cachaça, outros matam-se.
Na pedreira perdi um. A alavanca soltou-se da pedra, bateu-lhe no peito, e foi a conta.
[...]
Para diminuir a mortalidade e aumentar a produção, proibi a aguardente. (Ramos [1934] 2001, p.38)

Esse processo faz com que todos os integrantes sejam somente considerados enquanto partes do todo, enquanto números de um conjunto, negando-se, assim, a existência de interesses divergentes, ao dissolver as opiniões particulares na homogeneidade alienada do grupo. Nessa operação, todos os personagens subjugados sofrem uma espécie de cristalização de suas imagens, sendo definidos por seus traços constantes, pelo caráter não evolutivo e, inferiorizados pela massificação, suas vozes particulares perdem a força. Em consequência, sobressai-se a figura e a voz do personagem-narrador Paulo Honório, dinâmica e superior, única consciência que se aparenta relevante e que o narratário deve ter em conta.

Parte II
Alteridade e desintegração do discurso de Paulo Honório

3
O PAPEL DESESTABILIZADOR DE MADALENA

Nos primeiros capítulos de *São Bernardo*, a narrativa focaliza o percurso progressivo de conquistas e ações vitoriosas de Paulo Honório, no processo de aquisição, expansão e transformação da decadente fazenda numa propriedade produtiva e moderna, e o seu decorrente alcance de uma posição social de poder e de prestígio. A concentração no tema do desejo de domínio dá ao personagem um ritmo psicológico definido que retrata uma classe em geral, a do ascendente proprietário rural vinculado ao, até então, novo pensamento de produção e acumulação capitalista, conjugado aos traços gerais do tradicional fazendeiro do sertão nordestino. Nessa primeira parte, a análise do enredo pressupõe uma unidade mais estática, quase imutável, desse personagem com suas ações, até certo ponto, previstas dentro dos limites de sua consciência aparentemente concluída. Os personagens secundários, completando o quadro, também apresentam uma imagem estagnada, definida por seus atributos fixos. Porém, Paulo Honório se destaca deles por sua personalidade forte e seu poder de modificar situações, motivado pelo inconformismo que o domina, que o livra de um estado de alienação como trabalhador explorado.

O discurso de Paulo Honório, no plano monologizado, é também um forte elemento de sua imagem rigorosa, que parece esgotar-se plenamente na função caracterológica, pois não encontra nenhum outro discurso consistente, capaz de questioná-lo, de colocá-lo em discussão. Na sua posição de narrador, ele não deixa praticamente qualquer autonomia aos discursos dos outros, impregnando essa fase do seu relato com a visão característica que possuía no passado, estabelecendo com comodidade – pois, até então, há em Paulo Honório uma tranquilidade axiológica indispensável para isso – sua ideologia da competição, da eliminação dos mais fracos e da conservação da desigualdade como forma de dominação. Ele instaura o discurso dominante que constrói sua hegemonia dentro da luta de classes, no seu determinado tempo e lugar.

A partir do surgimento de Madalena, começa a inserir-se no universo de Paulo Honório a perspectiva da negação do sentimento de propriedade. Diferente dos outros, ela se apresenta como uma personagem dotada de um alto grau de conscientização, sinceramente preocupada com os problemas de ordem social e política e com independência intelectual para posicionar-se consistentemente diante de situações que considera injustas.

Na primeira aparição de Madalena, no Capítulo 12, na visita de Paulo Honório à casa do juiz Magalhães, o narrador já dá indícios da profundidade crítica da personagem, mostrando que ela se destaca em relação às demais mulheres de quem está acompanhada, com a demonstração do seu interesse por questões referentes à realidade social. Enquanto d. Marcela e d. Glória conversam sobre futilidades, Paulo Honório, que discute política com os homens, no outro lado da sala, percebe que a "mocinha loura" tem sua atenção voltada para o assunto debatido por eles.

A cena revela certas formalidades que regem o comportamento social no universo dos personagens, como o fato de os homens reunirem-se separadamente das mulheres para conversar, manterem uma certa distância delas, embora estejam na mesma sala, formando-se dois grupos com interesses presumidamente distintos. Configura-se uma cultura da superioridade masculina no âmbito das decisões e da consciência política: aos homens, mesmo que seja de maneira leviana, como faz Paulo Honório, é convencionado abordar temas de maior relevância para o destino da sociedade, aos quais a mulher não tem alcance. A elas resta restringirem-se a assuntos superficiais do universo doméstico ou recreativo.

Mesmo sem emitir qualquer palavra, a atitude dispersiva de Madalena em relação ao diálogo de seu grupo e o maior interesse demonstrado pelo assunto do grupo masculino revelam sua tendência a subverter essas convenções, a não ceder às limitações que a sociedade impõe à mulher de sua época e a ultrapassar a estreiteza de pensamento reservada às outras personagens femininas. Podemos reconhecer em Madalena certos princípios de construção dos personagens centrais do romance dialógico de Dostoiévski, descritos por Bakhtin, como a autoconsciência desenvolvida, que lhe confere liberdade de voz para emitir seu ponto de vista sobre tudo, colocando em discussão certos preceitos, antes tidos como incontestáveis, o que coloca em destaque a expressão de ideologia própria como seu principal atributo:

> A personagem não interessa a Dostoiévski como um fenômeno da realidade, dotado de traços típico-sociais e caracterológico-individuais definidos e rígidos, como imagem determinada, formada de traços monossignificativos e objetivos. [...] A personagem interessa a Dostoiévski enquanto ponto de vista sobre o mundo, enquanto concepção de mundo e de si mesma, enquanto posição racional e valorativa do homem em relação a si mesmo e à realidade circundante. Para Dostoiévski não importa o que a sua personagem é no mundo, mas, acima de tudo o que o mundo é para a personagem e o que ela é para si mesma. (Bakhtin, 2005, p.46)

Mesmo o suicídio que marca o desfecho da personagem pode ser interpretado como prova de sua independência ideológica, pois este é um tipo de morte consciente, diferente da morte como processo orgânico, que ocorre sem a participação da sua consciência responsável. É também uma expressão de protesto contra a concepção de vida de Paulo Honório, baseada na relação entre possuidor e coisa possuída, na qual Madalena não se enquadra.

Mas, somente após o casamento, no Capítulo 17, é que Paulo Honório passa a ter conhecimento, de fato, da inquietação que move Madalena, do seu caráter de quem está constantemente buscando entender o funcionamento do mundo em que vive. Curiosa, preocupada com a nova realidade que a cerca, na fazenda, ela se põe a examinar documentos e a folhear livros de registros do escritório, sai para conhecer e conversar diretamente com os empregados da lavoura, interessada nos problemas e carências deles, vai à escola e critica o método de ensino de Padilha; enfim, procura inteirar-se de tudo, e nisso já começa a figurar um risco ao comando absoluto de Paulo Honório: "Desde então comecei a fazer nela algumas descobertas que me surpreenderam. Como se sabe, eu me havia contentado com o rosto e com algumas informações ligeiras" (Ramos, [1934] 2001, p.95)

Madalena é introduzida no romance como elemento perturbador num cenário estável, como o tipo de personagem "impertinente", que Maingueneau (1996a, p.130) define como aquele que "sem atentar contra a face positiva de seu destinatário, ameaça com constância seu território (obriga-o a ouvir, toma seu tempo, etc.)". Sua função é desencadear o conflito que acabará por explicitar como pensam realmente as pessoas, até então silenciosas, nesse ambiente opressor da fazenda São Bernardo.

Incomodado com a integração imediata de Madalena ao cotidiano da administração da fazenda, Paulo Honório trata de tentar barrar as aspirações da esposa, buscando convencê-la de que o tipo de trabalho não é adequado para ela. Em sua narração, ele emprega expressões como "aconselhei-a a não expor-se", numa espécie de ordem velada, evitando dirigir-lhe seu habitual discurso hostil, mas deixando clara sua vontade de que ela não se intrometa mais nas suas funções. Em contrapartida, propõe-lhe que trabalhe ajudando a empregada Maria das Dores nos afazeres domésticos, o que seria uma ótima solução para anulá-la, excluí-la das decisões, mas Madalena se nega, não deixando enquadrar-se no papel de dona de casa submissa para tornar-se mais uma integrante do seu grupo de dominados. Ela é um personagem com o desejo de autoafirmação que os outros não têm. Segundo Bakhtin (2003, p.342), no plano monológico há uma ideologia que concede "a uma consciência superior o direito de evocar-se a decidir pelas consciências inferiores, transformando-as em coisas mudas". Paulo Honório, como narrador, procura transmitir superioridade em seu discurso, desqualificando e relegando a segundo plano o discurso dos outros personagens. Madalena chega, mas não se deixa inferiorizar igual aos demais. Ela não aceita alienar-se. Padilha, Gondim e Nogueira podem até ter, em certo grau, suas consciências desenvolvidas, mas resignam-se, por conveniência ou medo, e não ousam pronunciar-se de maneira discordante ao pensamento do fazendeiro.

Ainda na mesma ocasião em que percorre pela primeira vez a fazenda, Madalena, ao tomar conhecimento da realidade dos empregados, critica a penosa condição em que vivem mestre Caetano e sua família, contra-argumentando, em conformidade com sua perspectiva particular, todas as justificativas de Paulo Honório:

– Outra coisa, continuou Madalena. A família de mestre Caetano está sofrendo privações.
– Já conhece mestre Caetano? perguntei admirado. Privações, é sempre a mesma cantiga. A verdade é que não preciso mais dele. Era melhor ir cavar a vida fora.
– Doente...
– Devia ter feito economia. São todos assim, imprevidentes. Uma doença qualquer, e é isto: adiantamentos, remédios. Vai-se o lucro todo.
– Ele já trabalhou demais. E está tão velho!
– Muito, perdeu a força. Põe a alavanca numa pedra pequena e chama os cavouqueiros para deslocá-la. Não vale os seis mil-réis que recebia. Mas não tem dúvida: mande o que for necessário. Mande meia cuia de farinha, mande uns litros de feijão. É dinheiro perdido. (Ramos, [1934] 2001, p.96)

O diálogo evidencia o contraste de pontos de vista dos dois personagens sobre a mesma questão: Madalena emite um discurso solidário em relação a mestre Caetano, considerando o personagem em sua condição humana, em plena igualdade de direitos como cidadão, digno de reconhecimento e de compensação pelo seu trabalho. O discurso de Paulo Honório, inversamente, constrói a imagem de mestre Caetano por uma ótica reificante, avaliado pelo seu potencial produtivo. À semelhança de uma máquina que, depois de utilizada por muito tempo, desgasta-se e tem o seu desempenho reduzido, é conveniente para Paulo Honório que o cavouqueiro seja substituído. A velhice e a falta de saúde são motivos de preocupação com o bem-estar do empregado por parte de Madalena, enquanto que para Paulo Honório são sinônimos de prejuízo financeiro. Sua consciência é ofuscada pela ambição, pois ele não vê pessoas propriamente, mas apenas quantidade, números e cifras. Assim, os discursos em oposição não são apenas expressão da ideia que cada um possui sobre a situação particular, imediata, de mestre Caetano, mas, principalmente, da maneira como se posicionam em relação ao mundo. De qualquer modo, Madalena acaba levantando uma polêmica sobre as condições de vida dos trabalhadores de São Bernardo. Ela leva aos olhos de Paulo Honório esses problemas e aponta a exploração cruel que ele comete, mesmo sem fazer-lhe nenhuma acusação direta. Diferentemente dos outros, ela impõe sua visão a Paulo Honório, em posição de igualdade, semeando nele, gradativamente – conforme o desenvolvimento da narrativa nos mostra – o conflito interno que o levará a reavaliar suas concepções ideológicas. Em vez da atitude inicial do narrador-personagem que é consciente e faz sozinho seu julgamento em relação ao mundo, passa a ser colocado no centro da obra o problema da interdiscursividade de dois "eus" que são conscientes e julgam concomitantemente. São colocadas cara a cara a "verdade" de Paulo Honório e a de Madalena, o que as leva a contatar-se dialogicamente: "Dois enunciados alheios confrontados, que não se conhecem e toquem levemente o mesmo tema, entram inevitavelmente em relações dialógicas entre si" (Bakhtin, 2003, p.320).

Outra amostra da divergência de ideias entre os dois ocorre quando Madalena critica o baixo ordenado de seu Ribeiro, diante de todos, na mesa do jantar, e menciona a necessidade de aposentadoria do velho, de maneira espontânea, apenas pronunciando-se em conformidade com a lógica do seu pensamento, sem a intenção de atingir diretamente Paulo Honório:

> [...] Quanto ganha o senhor, seu Ribeiro?
> O guarda-livros afagou as suíças brancas:
> – Duzentos mil-réis.
> Madalena desanimou:
> – É pouco.
> – Como? bradei estremecendo.
> – Muito pouco. (Ramos, [1934] 2001, p.99)

Mesmo com o brado furioso de Paulo Honório, Madalena repete sua afirmação, reforçando-a com o advérbio de intensidade "muito". Além disso, a alegação de Paulo Honório de que o salário pago é suficiente, pois o velho é sozinho e não tem gastos vivendo na fazenda, é refutada por Madalena, que avalia que se o guarda-livros tivesse dez filhos, o valor não bastaria para a sua subsistência. Ou seja, ela não se temoriza e nem se omite diante do autoritarismo do fazendeiro.

As declarações de Madalena em defesa de seu Ribeiro se fazem profundamente agressivas para Paulo Honório, porque, dessa vez, não só o obrigam a defrontar-se novamente com o seu sistema de exploração, como também expõem abertamente sua prática aos personagens subordinados que estão presentes, arriscando despertar o inconformismo neles e ameaçar a hierarquia reinante. No entanto, a irritação de Paulo Honório com a situação irrompe na forma de insulto à d. Glória – injustamente, conforme avalia o próprio narrador –, que apenas demonstrara concordar com a sobrinha, como meio dele repreender Madalena indiretamente, evitando o confronto direto.

Na comunicação com os outros personagens, Paulo Honório oscila entre momentos de total franqueza, em que o seu discurso caracteriza-se pela ausência de disfarces, e momentos de dissimulação, nas situações em que é movido pelo interesse. Na relação discursiva com Madalena, inicialmente, ele tenta conter sua sinceridade agressiva, mas não dissimular. Ele procura não agir de modo grosseiro com a esposa, porque se preocupa realmente com a imagem que ela possa fazer dele, um tipo de comportamento que ele não demonstra ter antes com nenhum outro personagem. Ele atua de acordo com um dos princípios da boa relação interlocutiva que adverte que "dirigir-se a alguém, dar-lhe uma ordem, interrompê-lo, agredi-lo, são incursões em seu território e o outro não terá uma boa imagem, positiva, do enunciador" (Maingueneau, 1996a, p.128).

Após esse atrito, Madalena e Paulo Honório procuram abrandar o tom de suas falas para evitar novas desavenças na relação matrimonial:

– Não é preciso zangar-se. Todos nós temos as nossas opiniões.
– Sem dúvida. Mas é tolice querer uma pessoa ter opinião sobre assunto

que desconhece. Cada macaco no seu galho. Que diabo! Eu nunca andei discutindo gramática. Mas as coisas da minha fazenda julgo que devo saber. E era bom que não me viessem dar lições. Vocês me fazem perder a paciência. (Ramos, [1934] 2001, p.100)

A frase proferida por Madalena ("Todos nós temos nossas opiniões") é representativa no romance, porque, a partir da atitude diferenciada desse personagem, dotado de um pensamento próprio, veremos que a opinião de outros personagens, que não tinham voz, também passa a ser exposta e levada à consciência do narrador-personagem. Passa a ocorrer um aumento do grau de atividade da palavra do *outro* e a redução correspondente do grau de objetividade do discurso de Paulo Honório, ocasionando a intensificação do dialogismo na narrativa.

No diálogo acima citado, para não emitir uma ordem direta e fazer valer seu juízo, Paulo Honório recorre ao provérbio popular "cada macaco no seu galho", visto que esse tipo de "frase feita" conserva um caráter sentencioso. Apesar do alto grau imagético, por ser algo de domínio público, uma "verdade" consagrada, essa fórmula, segundo Citelli (2004, p.47), encerra um sentido e dificulta o questionamento do que está sendo enunciado, o que a torna uma expressão dotada de autoridade.

O personagem procura não transmitir brutalidade na fala dirigida a Madalena, optando por expressões parcimoniosas, como "julgo que devo saber", ao invés da assertiva "sei", e "era bom que não me viessem dar lições", no lugar do imperativo "não me venham dar lições". Ele se faz entender por meio de declarações imprecisas, não afirmativas, e de exortações: o emprego do verbo modal "julgo" assinala uma atenuação da verdade expressa e o uso do futuro do pretérito, estilizado em linguagem popular na expressão "era bom", indica moderação por parte de Paulo Honório. Esforçando-se para não demonstrar hostilidade, ele constrói sua resposta a Madalena de maneira cautelosa, dessa vez não para enganá-la, mas para não desagradá-la, sinceramente preocupado com a possível avaliação dela sobre o seu comportamento.

Madalena também usa o "recurso emocional" que visa sensibilizar e vulnerabilizar o interlocutor: "Comover é um componente de persuasão, pois comover é criar uma perturbação no equilíbrio do 'eu' do ouvinte" (Bellenger, 1987, p.92). Ela consegue fazer isso ao dar razão, ao concordar e desculpar-se com Paulo Honório, comportando-se de maneira compreensiva após ele ofender d. Glória:

– Foi uma leviandade.
– Foi, balbuciou Madalena vermelhinha, foi inconsideração.
– Antes de falar a gente pensa.
– Com certeza, disse ela bastante perturbada. Esqueci que os dois eram empregados e deixei escapar aquela inconveniência. Ah! foi uma inconveniência e grande.
Aí eu peguei a xícara e amoleci:
– Não, assim também não. Para que exagerar? Houve apenas incompreensão. [...] (Ramos, [1934] 2001, p.105)

A aprovação e a concordância conformadas de Madalena fazem Paulo Honório reconhecer a intenção que ela tem de poupá-lo, isto é, a consciência que ela tem de o estar ameaçando. Ele, por não suportar ser compreendido, muda de atitude, passando a relevar as insolências da esposa. O que ela chama de "inconveniência" de sua própria parte, ele, então, ameniza, tomando como "incompreensão", somente.

O consentimento dela não apenas o comove, mas também o incomoda, pois esse gesto proporciona a Madalena uma superioridade racional, situando Paulo Honório numa posição que torna tola a sua severidade, que faz que ele próprio a enxergue como sinal de ignorância e insensatez. Isso leva-o a rever suas colocações: ele também se desvaloriza, em certa medida, para valorizar a esposa e ser, em compensação, valorizado por ela. Resulta disso um trabalho de negociação entre forças contraditórias em que, para reparar a má impressão causada com o destrato a Madalena e a d. Glória, Paulo Honório "reconhece" seu excesso e tenta desculpar-se a seu modo rude: "– Nunca me arrependo de nada. O que está feito está feito. Mas enfim cara feia não bota ninguém para diante. E aquilo que eu azuni a d. Glória..." (ibidem, p.105).

Contudo, Paulo Honório não pode ir longe demais no sentido da humildade – como podemos notar no seu pedido de desculpas, apenas insinuado por meio das reticências –, pois isso se voltaria contra ele, denotando certa fraqueza e falta de convicção que o seu orgulho não permite revelar. Na relação interdiscursiva, segundo Maingueneau (1996a, p.131), "os locutores que deixam que ameacem demais sua face positiva ou seu território se desvalorizam. As desculpas excessivas voltam-se contra aquele que as profere, a humildade pode degradar--se em baixeza". Daí a oscilação constante de Paulo Honório entre a "submissão" e a recusa de envergonhar-se pelos seus atos. Sua voz autoritária, inflexível, assume outra tonalidade, revelando novas facetas e possibilidades, ao entrar em contato dialógico com outra atitude racional forte, nos diálogos tensos com Madalena.

Um novo atrito se dá quando Paulo Honório é obrigado a gastar dinheiro com material escolar que a esposa encomenda para os filhos dos trabalhadores. Ele se aborrece com Madalena, mas, evitando novamente entrar em choque com ela, canaliza sua ira para os funcionários, Marciano e Padilha, criando pretextos para brigar com eles, que já se encontram dominados e não reagirão à sua tirania. No entanto, Marciano, ao ser repreendido, tem seu primeiro ato de contestação:

> Marciano teve um rompante:
> – Ainda agorinha os cochos estavam cheios. Nunca vi gado comer tanto. E ninguém aguenta mais viver nesta terra. Não se descansa.
> Era verdade, mas nenhum morador me havia ainda falado de semelhante modo. (Ramos, [1934] 2001, p.107)

Paulo Honório reconhece, na enunciação, a razão de Marciano, mas não pode admitir isso para o personagem, no enunciado, para não comprometer a autenticidade da ideologia da estratificação de classes, sustentada pela hipocrisia do discurso da classe dominante à qual representa, conforme as condições político-sociais retratadas no romance.

A queixa revoltada de Marciano aponta para o início de mudanças no comportamento de alguns personagens que, acuados, jamais haviam atentado contra a palavra incontestável do personagem narrador. O pronunciamento de Padilha anteriormente citado, em que tenta inculcar em Marciano o problema da distribuição da terra, por exemplo, não é dirigido a Paulo Honório, mas ouvido por este por acaso e, naquela ocasião, o proprietário ameaça os rebeldes apenas como forma de intimidação, como já vimos, sem importar-se verdadeiramente com a opinião deles. Depois das primeiras desavenças com Madalena e da revelação da formação ideológica autônoma dela, as vozes dos outros também parecem ganhar maior vulto para Paulo Honório. No início do romance, há uma imutabilidade dos caracteres dos outros personagens, que parecem abstraídos de idealismo. Após a chegada de Madalena ocorre um aumento do grau de explicitação do pensamento deles. Suas palavras adquirem, de uma forma ou de outra, perspectiva própria, indicando os primeiros sinais da perda do monopólio discursivo do protagonista.

Mesmo descontando sua raiva pela esposa em Marciano, Paulo Honório não consegue evitar o confronto com ela, pois, ao presenciar indignada a agressão física cometida contra o empregado, Madalena sai em defesa deste e inicia outra discussão. Num diálogo aberto com Paulo Honório, com total convicção de pensamento, ela critica severamente o seu comportamento, colocando em xeque o seu sistema de valores:

– É horrível! bradou Madalena.
– Como?
– Horrível! insistiu.
– Que é?
– O seu procedimento. Que barbaridade!
Despropósito.
– Que diabo de história...
Estaria tresvariando? Não: estava bem acordada, com os beiços contraídos, uma ruga entre as sobrancelhas.
– Não entendo. Explique-se.
Indignada, a voz trêmula:
– Como tem coragem de espancar uma criatura daquela forma?
– Ah! sim! por causa do Marciano. Pensei que fosse coisa séria. Assustou-me.

Naquele momento não supus que um caso tão insignificante pudesse provocar desavença entre pessoas razoáveis.

– Bater assim num homem! Que horror!

Julguei que ela se aborrecesse por outro motivo, pois aquilo era uma frivolidade.

– Ninharia, filha. Está você aí se afogando em pouca água. Essa gente faz o que se manda, mas não vai sem pancada. E Marciano não é propriamente um homem.
– Por quê?
– Eu sei lá. Foi vontade de Deus. É um molambo.
– Claro. Você vive a humilhá-lo.
– Protesto! exclamei alterando-me. Quando o conheci, já era molambo.
– Provavelmente porque sempre foi tratado a pontapés.
– Qual nada! É molambo porque nasceu molambo.
[...]
– Mas é uma crueldade. Para que fez aquilo?
Perdi os estribos:
– Fiz aquilo porque achei que deveria fazer aquilo. E não estou habituado a justificar-me, está ouvindo? Era o que faltava. Grande acontecimento, três ou quatro muxicões num cabra. Que diabo tem você com o Marciano para estar tão parida por ele? (ibidem, p.109-10)

Madalena se mostra perplexa com a violência de Paulo Honório e este, por sua vez, se espanta com a indignação da mulher em relação ao seu ato, praticado maquinalmente, como algo natural. Ela não entende o comportamento do marido, porque esse tipo de relação, baseada na força bruta, não faz parte de sua realidade, não é comum ao ambiente civilizado da cidade e dos colégios nos quais foi criada. Paulo Honório também não compreende a reação dela, porque a violência está arraigada na sua personalidade, integra o seu ser, é um elemento constante do universo agreste onde adquiriu sua experiência de vida. São, portanto, duas constituições morais desenvolvidas em condições diversas que se encontram e entram inevitavelmente em tensão no campo das ideias. O acontecimento fundamental do enredo, agora, portanto, não é a luta por riqueza, mas a interação de consciências com direitos plenos. Convenientemente, Paulo Honório, a princípio, afasta-se, até certo ponto, tentando evitar a mútua orientação dialógica com o discurso alheio para determinado problema, por meio do emprego da repressão a outros personagens e do cuidado no contato com Madalena. Entretanto, chega ao ponto em que ele não consegue mais fugir do embate direto e nem negociar uma estabilidade comunicativa com a esposa.

Nesse diálogo sobre Marciano, Madalena tenta, como no caso de mestre Caetano, mostrar o lado também humano do capataz – que é o lado que ela focaliza – a Paulo Honório, e convencê-lo que é na condição de homem, portanto, que o outro personagem deve ser tratado. Como no diálogo socrático, Madalena usa o recurso obtido pelo jogo do questionamento para desestabilizar os argumentos ou projetos do marido e despertar-lhe a dúvida. Segundo observa Bellenguer (1987, p.90), o diálogo socrático abala os que fazem afirmações gratuitas, é um bom meio de se mudar relações de forças e de fissurar a autoridade excessiva.

Para Bakhtin (2005, p.112), as particularidades fundamentais do diálogo socrático, assentadas na base carnavalesco-popular, permitem considerar esse gênero como sendo um dos iniciadores da linha de evolução da prosa literária europeia da qual resulta o romance realista dialógico, como o de Dostoiévski. Segundo o autor (ibidem, p.110), o diálogo socrático introduz o herói ideológico pela primeira vez na história da literatura europeia (seus participantes são ideólogos, porque discutem um conceito) e usa como procedimento a "síncrese", que é um método de confrontação de diferentes pontos de vista sobre um determinado objeto, e a "anácrise", técnica de provocar a palavra do interlocutor pela própria palavra, levando-o a externar sua opinião inteiramente.

De maneira análoga a esses procedimentos, Madalena expressa sua opinião sobre Marciano e sobre as pancadas desferidas contra ele por Paulo Honório, reiterando sua perplexidade de maneira evasiva, como quem fala instigando o ouvinte, esperando para ser contestada ou receber explicações: "– É horrível!", "– O seu procedimento. Que barbaridade!", "– Bater assim num homem! Que horror!". Assim, ela faz que o fazendeiro, replicando, revele a imagem coisificada que tem do empregado e exponha a sua perspectiva particular, que admite como natural o emprego da violência como medida punitiva.

Também por meio de perguntas diretas, Madalena incita a palavra de Paulo Honório e, ao mesmo tempo, exprime a sua desaprovação: "– Como tem coragem de espancar uma criatura daquela forma?", "Por quê? [Marciano não era homem]", " – Mas é uma crueldade. Para que fez aquilo?". Ao ser questionada a razão de Marciano ser molambo, Paulo Honório não apresenta respostas consistentes e chega a argumentar que é "vontade de Deus". Ele, que tem uma visão totalmente cética sobre o mundo, recorre a uma explicação mística, além de apelar para o argumento da predisposição inata, ao responder: "É molambo porque nasceu molambo". Ou seja, age como se a situação degradante do capataz fosse um acaso da natureza, isenta da intervenção do homem, e a submissão fizesse parte do comportamento instintivo dele. Seu conjunto de características não teria sido criado e preservado pela sociedade, mas surgido de maneira espontânea. Haveria uma força abstrata que estabelece e conserva a ordem natural de tudo. Essas são formas convenientes, mas pouco racionais de se explicar as coisas, pois excluem a reflexão e, por isso, revelam a sua falsidade e insuficiência, trazendo à luz as verdades mascaradas.

"Fiz aquilo porque achei que devia fazer aquilo" é uma resposta vaga, que não esclarece nada, apenas deixa explícito que o personagem só faz o que deseja, seguindo sua consciência. Com ela Paulo Honório expressa o seu livre arbítrio para justificar-se ou não, o que na realidade é uma estratégia para fugir das perguntas e coibir o interrogatório de Madalena, encerrando a discussão e colocando em evidência seu autoritarismo, por falta de argumentos.

Paulo Honório termina o debate lançando a pergunta "Que diabo tem você com o Marciano para estar tão parida por ele?" para insinuar, visando constrangê-la, que a atitude de Madalena de defender o empregado pode encobrir um possível interesse afetivo por ele, na intenção de garantir que ela não interceda novamente pelos seus subordinados. Com essa frase, ele também busca comprometer a seriedade do discurso da esposa, tentando sabotar sua integridade moral, ao desviar as suas intenções nobres para um objetivo licencioso.

No contato com Madalena, vemos como o ponto de vista do narrador-personagem se encontra com outro totalmente distinto, evidenciando uma diversidade de perspectivas e gerando uma incompatibilidade de ideias. A visão de Paulo Honório choca-se com a visão de Madalena, e vice-versa, levando ao aprofundamento do pensamento sobre determinado conceito. Eles representam duas consciências independentes que se enfrentam no diálogo, separadas por uma diferença, sobretudo, socioideológica.

Nas palavras de Antonio Candido (1964, p.40), o diálogo em *São Bernardo*, em geral, torna-se "fator de antagonismo, formando-se um contraponto de réplicas breves, essenciais, sempre desfechando em algo decisivo. Os interlocutores não falam à toa e a impressão é que duelam". Notamos essa disputa de forças contraditórias ocorrer mais nitidamente na relação de Paulo Honório com Madalena, ou a partir dela, quando a instância pertinente em matéria do discurso, então, não é mais a maior ênfase no enunciador, mas no par formado pelo locutor e pelo interlocutor.

O dialogismo em *São Bernardo*, deflagrado pela coexistência e interação de consciências, intensifica-se e se revela quando Paulo Honório encontra, no plano do discurso, um adversário capaz de ameaçá-lo, e, por isso, com ele se preocupa. O narrador-protagonista torna-se marcado por uma cisão entre o *eu* e o *outro* e a polifonia, a dinâmica criada entre a identidade e a alteridade, é que vai constituir o estilo de sua fala.

4
A INTERIORIZAÇÃO DO CONFLITO: A IMPOSSIBILIDADE DE DOMÍNIO SOBRE O *OUTRO* REVESTIDA PELO SENTIMENTO DE CIÚME

A narrativa assume um caráter polêmico com a presença de Madalena. Paulo Honório entra em disjunção com o seu próprio discurso socioideológico, com dificuldades de sustentá-lo, ao deparar-se com um outro discurso que representa uma outra realidade, com a qual não era familiarizado.

Os personagens surgidos antes no caminho do protagonista eram considerados ingênuos por ele, porque não sabiam que estavam sendo manipulados, não realizavam uma interpretação correta da realidade. Os que gozassem de certo poder ou tivessem um maior grau de consciência e ousassem, de algum modo, interferir no seu projeto de dominação, como Mendonça e Costa Brito, eram prontamente repelidos por meio da adoção de medidas violentas. Estes, a par do funcionamento do sistema de exploração, têm como único objetivo tirar proveito dele também, sem alterá-lo. Sua revolta não é sincera, pois, movidos pela mesma ambição, eles não portam discursos ideológicos diversos do de Paulo Honório. Ele luta contra personagens que se encaixam no seu sistema de valores e que também colaboram para mantê-lo: o vizinho Mendonça cobiça as terras de São Bernardo; o jornalista Costa Brito recebe dinheiro em troca do silêncio; Padilha agarra-se a qualquer oportunidade que lhe seja vantajosa e seu inconformismo não passa de recalque por ter perdido seus bens. Todos estão corrompidos pelo sistema e aceitam-no tal como é, ajudando a impulsioná-lo, fechados em seu modo de pensar reificado.

Madalena é a única que realmente se nega a viver nessa realidade degradada. Ela interpreta corretamente a realidade, mas tem um *querer--ser* diferente daquele que o sistema lhe permite, representando uma consistente ameaça aos interesses do marido. Desse modo, a relação Paulo Honório *vs.* oposição deixa de ser a de dominante *vs.* dominado para se tornar a relação de duas partes que se confrontam em semelhança de condições na esfera ideológica, de dois fazeres persuasivos, o que comprometerá a hegemonia do seu poder sobre o universo ficcional e sobre o discurso narrativo.

Greimas e Courtés (1983, p.248), preocupados em descobrir a estrutura elementar subjacente ao enredo da narrativa, estabelecem um paradigma de transformação que pode revelar a lógica das relações de poder no texto literário. Segundo os autores, existe na narrativa um espaço tópico, que é o espaço de referência a partir do qual os outros espaços são dispostos, e um espaço heterotópico em relação ao espaço tópico. A correlação entre espaço tópico e heterotópico corresponde à relação entre valores "legais", aceitos pela ideologia dominante, e "marginais", negados pela ideologia dominante. A invasão do espaço tópico pelo outro provoca o confronto entre os dois. Aquele deve expulsar este, pois, se o outro dominar o espaço tópico, converte-o em espaço heterotópico, anulando os valores legais, instaurando os marginais e fazendo, por conseguinte, desaparecer o eu. Isso permite considerar todos os que não aceitam a ideologia dominante como o *outro*, pertencente ao espaço heterotópico.

O espaço tópico, em *São Bernardo*, é o espaço do eu, Paulo Honório, dominado pela concorrência e pela exploração do trabalho em busca de acúmulo de riqueza, e o espaço heterotópico corresponde ao ideal social de Madalena ou qualquer outra força contrária aos interesses do proprietário rural. O discurso de Paulo Honório apresenta, em seu componente narrativo, a seguinte situação: existe uma ordem inicial, baseada na propriedade privada dos meios de produção, na hegemonia burguesa e na exclusão das classes populares das decisões. Com a interferência de Madalena no espaço tópico, tentando propagar suas ideias e colocá-las em prática nesse quadro estável, ocorre uma ruptura da ordem inicial que pode levar a uma situação de desequilíbrio. Paulo Honório funciona como o herói que tenta restabelecer a ordem rompida, buscando suprimir Madalena, portadora dos valores marginais, como fez antes com os outros.

Encontrando maior resistência da parte dela, insubmissa ao seu plano de vida, Paulo Honório encontra no sentimento de ciúme, na suspeita de infidelidade amorosa da esposa, um subterfúgio inconsciente para rebaixá-la moralmente e obter os argumentos necessários para tentar dominá-la e puni-la. Para Antonio Candido (1992, p.30), o ciúme de Paulo Honório não passa de uma variante do seu sentimento de posse, do seu senso de exclusividade, "é a forma de exprimir a vontade de poderio e recusar o abrandamento da rigidez".

A primeira parte do romance – digamos, até a cena da surra no jornalista Costa Brito, no Capítulo 13 – apresenta o tema da ascensão social do personagem inconformado num espaço de alienação. Essa é a principal matéria geradora dos conflitos que moldarão a figura inescrupulosa do protagonista. Somente mais tarde, no intervalo entre o Capítulo 20 (após o casamento) e o Capítulo 31 (da morte de Madalena), é que o ciúme se torna o centro dos acontecimentos. O romance deixa de contar um caso de enriquecimento material para se transformar num processo de dúvida, de ruminação de pensamento do protagonista sobre a possível traição da esposa, dada a impossibilidade de controlá-la. Nesse processo, Paulo Honório parece torturar-se com o seguinte raciocínio: se Madalena é ideologicamente infiel a ele, porque defende os outros e contraria sua vontade, é possível que ela o traia afetivamente. Se ele não tem autoridade sobre sua consciência, também não domina seu coração.

O Capítulo 19, em que o narrador interrompe o desenvolvimento da ação para voltar ao presente da enunciação, entrando num monólogo interior infiltrado pelas lembranças do passado misturadas a elementos da imaginação, marca o início da ruptura com tom fluído que caracterizou a narrativa até então. Nesse capítulo, o narrador, apesar da distância temporal, confirma sua incapacidade de apresentar com objetividade a personalidade de Madalena, em razão de ele próprio não conhecê-la, mesmo após a sua morte. Ele conclui, de modo confessional, que, se não pode alcançar a verdade sobre a esposa, o livro que escreve não tem valor como registro fiel dos fatos: "Com efeito, se me escapa o retrato moral de minha mulher, para que serve esta narrativa? Para nada, mas sou forçado a escrever" (Ramos [1934] 2001, p.100).

A partir daí, voltando ao plano da diegese, ele vai tornar a necessidade de posse absoluta sobre Madalena, inclusive sobre o pensamento dela, num ciúme doentio e a impossibilidade de comandá-la resultará na crença de que ela o trai. Trata-se de uma transformação gradativa, que mostra como o ciúme provém indiretamente de outro sentimento, a insegurança. No entanto, essa transformação é acompanhada por outra, também gradativa, mas igualmente nítida: a variação psicológica do narrador-personagem vai interferir de maneira coerente na forma, fazendo-se notar a mudança de uma narrativa contínua, estável, para outra sinuosa, dominada pela imprecisão. Essa alteração pode ser notada pela diminuição de sentenças e expressões asseverativas e pela predominância do teor condicional no emprego de verbos ("achar", "pensar", "suspeitar", "parecer"), advérbios ("talvez", "provavelmente", "certamente") e conjunções ("se", "caso", "ou") pelo narrador, além do aumento da presença de frases interrogativas, diminuindo o grau de seu comprometimento com o que diz, indicando que a verdade de suas proposições se torna dependente da verdade das proposições de outros.

Por trás da questão do adultério se esconde o problema da ambiguidade, da relatividade das observações, da negação do absoluto. O signo da dúvida passa a alimentar a narração de Paulo Honório, impedindo a formação de juízos definitivos. Isso faz que ele passe a dar maior importância ao discurso dos outros, não apenas ao de Madalena, a preocupar-se sinceramente com o que eles pensam, tentando desvendar em cada pormenor de suas falas uma intenção escusa. Desse modo, o dialogismo, como confronto de ideologias expressas no romance, assume um caráter mais intenso, refletindo no plano da linguagem. O discurso social de Paulo Honório se encontra com os discursos dos outros e participa com eles de uma interação viva e tensa. Na consciência de Paulo Honório, o poder é ocupado pela palavra do *outro*, que nela se instala, e ele, então, vai construir o seu discurso, agora de maneira obsessiva, não só a partir da imagem que tem do seu interlocutor, mas também da imagem que pensa que o interlocutor tem dele e da imagem que deseja passar para esse interlocutor.

A palavra antecipada do *outro* na construção do discurso de Paulo Honório

A autoconsciência do personagem revela seu caráter dialógico quando ele começa a viver pelo seu reflexo no *outro*, presente ou ausente. Tudo passa a residir na palavra, na reação, na resposta do *outro*. O dialogismo manifestado primeiramente de maneira aberta, nos diálogos tensos com Madalena, expressos por meio do discurso direto, desencadeia o dialogismo interior, que se dá nos limites da consciência de Paulo Honório. Ele começa a mudar sua voz sob a influência da palavra antecipada do *outro*, com a qual entra em polêmica interior, persuadindo a si mesmo, excitando-se, acalmando-se e propondo a si várias perguntas, com as quais se tortura. Bakhtin (2005, p.208) define o comportamento do personagem com esse tipo de discurso dialógico influenciável do seguinte modo:

> A atitude do herói face a si mesmo é inseparável da atitude do outro em relação a ele. A consciência de si mesmo fá-lo sentir-se constantemente no fundo da consciência que o outro tem dele, o "o eu para si" no fundo do "o eu para o outro". Por isso o discurso do herói sobre si mesmo se constrói sob a influência direta do discurso do outro sobre ele.

O discurso com caráter monologizado de Paulo Honório se apresentava totalmente alheio às opiniões externas. Agora, em sua insegurança, ele passa a sentir constantemente a voz ameaçadora do *outro* e lança em torno de si um olhar desconfiado, procurando escutar cada palavra para saber se não estariam falando dele:

> D. Glória gostava de conversar com seu Ribeiro. Eram conversas intermináveis, em dois tons: ele falava alto e olhava de frente, ela cochichava e olhava para os lados. Quando me via, calava-se.

[...]
Julguei perceber, por certas palavras, gestos e silêncios, que ela ia ali deplorar a sorte da sobrinha. Estava sempre ao pé da carteira, amolando. (Ramos [1934], 2001, p.111)

Contudo, Paulo Honório não pode impedir que o desvalorizem em sua ausência e isso o torna mais angustiado, embora essa desvalorização seja colocada pelo narrador sempre no campo da hipótese. Em seu discurso, nessa parte do livro, torna-se comum o emprego de verbos e expressões modalizantes como "julguei perceber", que vão marcar o tom vacilante e impreciso de sua narração. Assim, vemos que, por meio do seu discurso, ele próprio cria um universo cheio de maledicências às suas costas. Até mesmo o silêncio do *outro*, como o de d. Glória, torna-se representativo para o personagem, podendo sinalizar a interrupção de algo que não poderia ser falado na sua presença. Se não se fala diante dele, logo, infere que se esconde uma crítica, um comentário negativo a seu respeito.

Em alguns casos, o comportamento do personagem chega a adquirir um traço patético, colocando-o em situações inusitadas, que não condizem com o seu caráter severo, na inquietação de inteirar-se do pensamento dos outros, procurando espiá-los e escutá-los às escondidas, ou mesmo investigá-los explicitamente: "Que é que d. Glória vem fuxicar aqui, seu Ribeiro?" (ibidem, p.113). No mesmo instante em que pratica essas atitudes, ele toma consciência do rebaixamento a que se submete ao demonstrar curiosidade pelos comentários de personagens que antes lhe eram insignificantes: "Achei ridículo interrogar aquele homem grave sobre os mexericos de d. Glória" (ibidem, p.113).

Paulo Honório não aceita o julgamento do *outro*, mas, contraditoriamente, desenvolve uma necessidade obsessiva de tomar conhecimento de cada palavra sobre si, permitindo que o seu discurso assuma uma particularidade substancial de tendência para o insano, refletindo diretamente no estilo da narração. Numa relação de total dependência em relação ao *outro*, já não lhe basta sua autoavaliação, é preciso focalizar-se pela perspectiva de cada personagem, saber o que diz e o que pensa cada um deles a seu respeito e como reagem às suas atitudes, para tomar noção de sua reputação e poder zelar por ela, agindo conforme as expectativas: "Era possível que os caboclos do eito estivessem mangando de mim. Até Marciano e a Rosa comentariam o caso, na cama, de noite [...] Que diria seu Ribeiro? Que diria d. Glória?" (ibidem, p.137).

Nesse processo de valorização do discurso do *outro*, as palavras dos personagens passam a assumir perspectivas próprias, atribuídas pelo próprio protagonista. Cada indivíduo deixa sua imagem coisificada para existir, antes de tudo, como um *outro*.

Em *São Bernardo*, esse *outro* tem um caráter um tanto abstrato: o narrador reduz todas as pessoas a esse denominador comum, enquadrando na mesma categoria a esposa, os empregados, os amigos e os inimigos. O *outro* representa, no romance, todo emissor de um discurso, concreto ou imaginado, que tenha interesses divergentes dos de Paulo Honório e ameace sua soberania, seja na fazenda ou no casamento. Esse *outro* passa a ser todos os demais personagens, pois, para o fazendeiro, todos conspiram contra ele, ninguém é confiável e até padre Silvestre é suspeito de relacionar-se com sua mulher. Num momento extremo de desvario, Paulo Honório desconfia até mesmo da centenária Margarida, que, na sua apresentação inicial, é uma velha "com pouco movimento e pouco pensamento", que já não tem mais muito contato com a realidade. No seu universo delirante de traições, ele chega a cogitar que a sua velha mãe de criação poderia ser portadora de uma carta de homem a Madalena.

No início, Paulo Honório usufrui a redução dos interlocutores à categoria de marionetes. Depois, esses personagens, que tinham qualificações permanentes, atribuídas por meio do verbo *ser*, tomam vida, tornam-se indomadas e aparecem a Paulo Honório com qualificações transitórias, correspondendo à afirmação de Bakhtin (2005, p.63) de que a estrutura dialógica "liberta e descoisifica o homem". As imagens coisificadas tornam-se inadequadas para a nova condição de Paulo Honório, e o modelo reificado de mundo é definitivamente sobreposto pelo modelo dialógico. Em sua necessidade de saber o que pensam os outros, Paulo Honório espera receber o reconhecimento de suas realizações por parte deles para se autoafirmar, pois a sua consciência não mais se basta por si mesma, como antes parecia demonstrar. Numa orientação velada para o *outro*, ele constrói o seu discurso como uma resposta indignada à hipotética indiferença de todos diante do seu esforço para desenvolver a fazenda, como que exigindo tiranicamente que esse *outro* o reconheça e o aprove:

> Que diferença! senti desejo de levantar-me e exclamar:
> – Vejam isto. Estão dormindo? Acordem. As casas, a igreja, a estrada, o açude, as pastagens, tudo é novo. O algodoal tem quase uma légua de comprimento e meia de largura. E a mata é uma riqueza. Cada pé de amarelo! cada cedro! Olhem o descaroçador, a serraria. Pensam que isto nasceu assim sem mais nem menos? (Ramos, [1934] 2001, p.123)

A paisagem rural, que os outros contemplam da varanda, nessa passagem, é descrita a partir do olhar materialista do proprietário, que vê em cada plantação ou edificação a quantidade de trabalho despendida para a sua concepção. Madalena, no entanto, não reconhece o empenho de Paulo Honório, mesmo porque ela tem consciência de que todas as melhorias ali realizadas são fruto da exploração do trabalho alheio. Anteriormente, ela compara o esforço de d. Glória para educá-la ao do marido para obter São Bernardo: "– Não conheço ninguém que trabalhe mais que d. Glória" (ibidem, p.115), "[...] É porque você não sabe o esforço que isso custou. Maior que o seu para obter S. Bernardo" (loc. cit.). Paulo Honório se enerva com essa declaração, pois acha absurdo um fazendeiro bem-sucedido como ele ser comparado a uma senhora pobre, que não conseguiu nenhum bem material durante a vida, apesar da idade avançada. Do seu ponto de vista, as pessoas são admiradas pelo que conseguiram acumular, não importa de que jeito, e, em conformidade com a estratégia de dominação, os pobres são os únicos culpados por sua própria situação, porque não se dedicaram suficientemente ao trabalho.

Na impossibilidade de ouvir o que conversam na varanda, Paulo Honório antecipa as possíveis palavras ou pensamento dos outros, rejeitando-os de antemão. Ele parece elaborá-las mentalmente para poder, em seguida, contestá-las. A própria pergunta final ("pensam que isto nasceu assim sem mais nem menos?") já traz em si a possível opinião dos personagens, presumida por Paulo Honório, sobre a fazenda. Sendo assim, todo esse discurso do fazendeiro é construído sobre o que ele imagina ser a palavra dos outros sobre a propriedade. O discurso dele engloba, implicitamente, o discurso real ou imaginário do seu interlocutor e seu monólogo acaba se apresentando como um diálogo simulado.

O discurso literário, aqui, reproduz o discurso da prosa extra--artística, que, segundo Bakhtin, orienta-se e se constrói não só a partir de outros discursos já conhecidos, que o antecedem, mas também a partir de supostos discursos futuros.

O discurso vivo e corrente está imediata e diretamente determinado pelo discurso-resposta futuro: ele é que provoca esta resposta, pressente--a e baseia-se nela. Ao se constituir na atmosfera do "já dito", o discurso é orientado ao mesmo tempo para o discurso-resposta que ainda não foi dito, discurso, porém, que foi solicitado a surgir e que já era esperado. (Bakhtin, 1988, p.89)

Paulo Honório antecipa a ideia do *outro,* porque teme que esse *outro* tenha uma imagem negativa dele, ou tenha ideias que contrariem as suas. Reagindo intensamente contra essa possível imagem, ele se esforça para controlar uma interpretação que, na verdade, jamais poderá dominar por completo, pois, no papel de personagem-narrador não possui campo de visão excedente, não entra na mente dos outros, e isso o aflige ainda mais. Com essa atitude, ele revela a sua dependência em relação às outras consciências e sua incapacidade de tranquilizar-se na própria autoafirmação.

Sua finalidade, agora, não é persuadir o *outro* para defender-se de um inimigo real, como no episódio em que visita a casa de Mendonça para perscrutar, de maneira fria e consciente, as reações do vizinho e avaliar se ele tem intenção de matá-lo. Naquele caso, o discurso de Paulo Honório se apresenta menos como a expressão de sua interioridade e mais como uma rede complexa de artimanhas, na qual o enunciador tenta valorizar-se como um estrategista e persuasor, superior aos demais, sem deixar-se abalar pela opinião de Mendonça. Agora, sua antecipação não é previamente calculada visando um objetivo específico e predeterminado, mas uma atitude impulsiva, conduzida pela insegurança emocional.

Na cena do jantar de aniversário de casamento de Paulo Honório, no capítulo 24, na qual está reunida a maioria dos personagens, o discurso de Madalena sugere sua simpatia pela ideia de uma revolução esquerdista. Nesse caso, ela escolhe defender esse pensamento sem argumentar diretamente a favor dele, mas apenas indagando os motivos que os outros têm para contrariá-lo. A Paulo Honório ela faz interrogações incisivas, usando a expressão "Por quê?", que exige, para ter eficácia, uma explicação completa e concludente do interlocutor:

– Era o que faltava. Escangalhava-se esta gangorra.
– Por quê? perguntou Madalena.
– Você também é revolucionária? exclamei com mau modo.
– Estou apenas perguntando por quê. (Ramos, [1934] 2001, p.128)

Com seu Ribeiro ela também emprega o artifício do questionamento: "– Tem medo, seu Ribeiro? Perguntou Madalena sorrindo" (ibidem, p.129). Logo depois, provoca-o novamente, procurando inculcar-lhe a dúvida: "– Que é que o senhor perdia?" (ibidem, p.131). Desse modo, ela procura fazê-los refletir sobre suas posições radicais, como o faz o questionamento incitador do diálogo socrático, e ressaltar a insuficiência de seus raciocínios, que tendem para a superficialidade de conhecimento sobre o assunto, chegando até mesmo a apoiar-se em crenças ingênuas de fundo mítico sobre o comunismo. Com essa atitude da esposa, Paulo Honório, no lugar de perguntar-lhe de maneira direta sobre a sua posição política, põe-se a tentar descobrir, por outras vias, o pensamento de Madalena, alimentando em si próprio o conflito interior: "Ignoro essas coisas, naturalmente, mas desejei saber o que Madalena pensava a respeito delas" (ibidem, p.132)

O interesse de Paulo Honório pelos temas que os outros discutem à mesa de jantar decorre de um interesse prévio pela posição de Madalena frente a eles. Na cena coletiva, em meio aos diversos comentários dos outros personagens, ele não chega a perder de vista a sua preocupação específica, a sua dúvida, elevando-a ao primeiro plano. Paulo Honório não mais se concentra no que os outros dizem e, mesmo quando solicitado a dialogar com algum deles, tem sua atenção dirigida para uma conversa paralela da qual a esposa participa, focando-se na opinião particular dela. As falas dos outros se ordenam em meio ao destaque da vida interior do personagem. A rotação da conversa exteriorizada deles traz, alternadamente, à tona o seu problema pessoal, sua preocupação ininterrupta com seu caso individual. Nesse momento, fora Paulo Honório e Madalena, os outros personagens parecem estar à margem de qualquer participação real na intriga, que se desenvolve quase que completamente nos limites da autoconsciência do protagonista. A intriga externa parece servir apenas de carcaça pouco perceptível para a intriga interior de Paulo Honório.

Na obsessão por inteirar-se das opiniões de Madalena, no jantar, Paulo Honório antecipa as possíveis réplicas da esposa, substituindo a voz dela com a sua própria voz, criando respostas às suas próprias perguntas, no seu discurso interior, no seu diálogo velado, sempre repleto de modalizadores que instauram a atmosfera da dúvida, como o advérbio "talvez": "Qual seria a religião de Madalena? Talvez nenhuma. Nunca me havia tratado disso" (ibidem, p.132). Ou a expressão "sei lá!", que também denota incerteza: "Que haveria nas palestras? Reformas sociais ou coisa pior. Sei lá! Mulher sem religião é capaz de tudo" (ibidem, p.133).

Nesse processo, em que Paulo Honório constrói o seu discurso orientado para o discurso de Madalena, levando-o em conta e antecipando-o, ele começa a tirar suas próprias conclusões, influenciadas também pelas palavras de padre Silvestre sobre o comunismo, nas quais se apoia para chegar a uma imagem ameaçadora da esposa. Na concepção do sacerdote, o comunismo instaura "a miséria, a desorganização social, a fome", atenta contra a moralidade, ocasionando "a corrupção, a dissolução da família" e subverte os princípios religiosos do povo: " – Uma nação sem Deus!" (ibidem, p.130).

Paulo Honório, então, define Madalena como comunista, como arma para desqualificá-la, para distorcer suas boas intenções. O liberalismo, o desejo que os direitos humanos sejam respeitados e a ânsia de justiça dela são interpretados por Paulo Honório, convenientemente, como posturas adotadas no nível do *parecer*. Para ele, no nível do *ser*, há em Madalena o desejo de destruir os valores da civilização cristã por meio da promiscuidade e da insuflação da anarquia. Se ela é comunista, seu traço qualificativo é a dissimulação, pois não se apresenta tal como é, e age clandestinamente contra a ordem e a religião, travestida de professora caridosa. É o desejo de castigá-la, de suprimir suas ideias, que leva Paulo Honório a ultrapassar os limites da lucidez e do escrúpulo, chegando a esse juízo sobre Madalena, caracterizado pela insânia misturada ao cinismo.

Nesse capítulo em que acontece o jantar, é mostrado com bastante nitidez o processo de fusão, na mente de Paulo Honório, da sensação da traição ideológica de Madalena com a suspeita de adultério, da transposição da noção da impossibilidade de controle sobre as convicções dela para o sentimento irreversível de ciúme: "Madalena procurava convencê-lo [seu Ribeiro], mas não percebi o que dizia. De repente invadiu-me uma espécie de desconfiança. Já havia experimentado um sentimento assim desagradável. Quando?" (ibidem, p.131).

Paulo Honório começa a desconfiar da fidelidade conjugal de Madalena nos momentos em que a vê (ou acredita ver) propagar ideias que ele considera subversivas. No entanto, a princípio, ele não sabe definir o que sente, do que desconfia. O foco de sua desconfiança vai se alterando aos poucos, até culminar num ciúme distorcivo e destrutivo. No final do capítulo, ele já se encontra totalmente movido por esse sentimento e, daí por diante, o problema da desavença sociopolítica é quase que totalmente esquecido: "Procurei Madalena e avistei-a derretendo-se e sorrindo para o Nogueira, num vão de janela. [...] Misturei tudo ao materialismo e ao comunismo de Madalena – e comecei a sentir ciúmes" (ibidem, p.133).

Ao antecipar a possível resposta do *outro*, Paulo Honório também constrói o seu discurso interior baseado em conjeturas sobre um possível procedimento desses personagens que o afete negativamente e que, portanto, caracterize-se como traição. Essas conjeturas são produzidas a partir de um jogo obsessivo de perguntas e respostas dirigidas a si mesmo, estruturando seu monólogo interior como um diálogo velado:

> Assassino! Como achara ela uma ofensa tão inesperada? Acaso? Ou teria lido o jornal do Brito? O mais provável era Padilha haver referido alguns mexericos que por aí circulam. Sim senhor! Estava o Padilha mudado em indivíduo capaz de fazer mal. Que graça! O Padilha! [...] (ibidem, p.142)

Nesse caso, Paulo Honório instaura a possibilidade de Padilha ter contado a Madalena sobre a sua responsabilidade no assassinato de Mendonça, chegando a essa deliberação após examinar outras hipóteses, questionando-se. Ele busca essa resposta com antecedência para preparar-se para reagir diante dela. A presença do adjetivo "provável", em posição predicativa, expressa a falta de uma adesão absoluta ao conteúdo do que ele está dizendo, mostrando que o seu discurso carece de uma espécie de certeza definitiva. No entanto, esse tom impreciso desfecha, em seguida, uma afirmação sustentada com firmeza por Paulo Honório, com o emprego da expressão afirmativa "Sim, senhor!". Assim, ele acaba fixando como verdade o que era apenas uma suposição, reconhecendo a relevância de Padilha como voz autônoma, não mais como personagem coisificado.

Na dúvida sobre a fidelidade de Madalena, Paulo Honório também dialoga consigo mesmo, respondendo à questão que coloca diante de si, imaginando como agiria diante da verdade, antecipando sua reação antes de tomar conhecimento dos fatos:

> Se eu tivesse uma prova de que Madalena era inocente, dar-lhe-ia uma vida como ela nem imaginava. [...]
> E se eu soubesse que ela me traía? Ah! Se eu soubesse que ela me traía, matava-a, abria-lhe a veia do pescoço, devagar, para o sangue correr um dia inteiro. (ibidem, p.150)

O emprego dos verbos no imperfeito do subjuntivo assinala o tom condicional das sentenças, que dependem de uma comprovação de veracidade. Nesse processo enunciativo com variações avaliativas, Paulo Honório considera as duas possibilidades para julgar o *outro* previamente e elaborar a sua punição ou recompensa. Esse olhar duplo para o objeto de sua preocupação, a partir de pontos de vista opostos, demonstra a dialogicidade de sua consciência, que introduz um caráter mais subjetivo, mais psicológico e polêmico ao seu discurso.

Ao contrário de antes, Paulo Honório torna-se capaz de recolher-se em si mesmo para refletir, abstraindo-se da realidade. O personagem se submete a uma espécie de tortura moral – "Seria? não seria?" (ibidem, p.151) –, visando obter, em vão, uma conclusão, uma última palavra de sua autoconsciência sobre Madalena. Essa visão relativizadora dos fatos e das pessoas, que retrata o personagem vivendo, agora, no limite entre o racional e o emocional, o deixa propenso a transformar, de um instante para outro, o paraíso que imagina para sua vida num mundo infernal, repleto de pensamentos repulsivos, como se pode notar na mudança brusca de ponto de vista que ocorre de um parágrafo para o outro, no trecho acima citado.

Outra situação em que o discurso de Paulo Honório é apresentado de maneira interrogativa e condicional para expressar sua incerteza é quando ele fica de vigília no quarto, esperando que supostos amantes venham encontrar-se com Madalena. Suas proposições estão impregnadas de condicionais ("se") e modalizadores como "parecia-me" e "julgava", que expressam a falta de confiança plena no conteúdo do que está dizendo. Nesse caso, sua dúvida não diz respeito apenas à índole da esposa, mas também ao seu próprio estado de consciência, de discernimento da realidade:

> À noite parecia-me ouvir passos no jardim. [...] (p.153)
> [...] Julgava distinguir um vulto. (p.153)
> Um assobio, longe. Algum sinal convencionado.
> [...]
> E se as passadas e o assobio não fossem por causa dela? Ah! Sendo assim, eu picado para linguiça não pagava o que devia. E se as passadas e o assobio não existissem? (ibidem, p.154)

Após cogitar ter escutado barulhos, no ápice da alucinação, Paulo Honório parece restabelecer momentaneamente o sentido da realidade, de maneira gradativa, considerando primeiro a possibilidade de os assobios e pisadas não terem relação com Madalena e, ao fim, reconhecendo a hipótese de não ter havido rumor nenhum. No plano expressamente dialógico, Paulo Honório suscita em si mesmo a pergunta sobre a verdade de suas convicções, adquirindo um caráter volúvel, adequado à representação moral e psicológica do ciúme limítrofe com a loucura. Perdido entre a realidade e a imaginação, em decorrência da incorporação da alteridade em seu pensamento, seu discurso torna-se autorreflexivo, fragmentado por uma contradição permanente. O ciúme, como "variante do sentimento de posse, do senso de exclusividade" de Paulo Honório (Candido, 1992, p.27), é a base da desagregação da consciência do personagem, da sua espécie de deformação mental, que tem como consequência o enclausuramento em seu mundo atormentado, subvertendo o mundo exterior.

Nos diálogos que Paulo Honório trava consigo mesmo, sentimos seu discurso dividido em duas vozes. A palavra e a réplica da palavra fundem-se numa só enunciação, num só emissor. Essas réplicas seguem em direções opostas, entram em choque dialógico:

> Erguia-me, insultava-a mentalmente:
> – Perua!
> Até com o Padilha! Como diabo tinha ela coragem de se chegar a uma lazeira como o Padilha? A questão social.
> – Está aqui para a questão social. O que há é sem-vergonheza. (Ramos [1934] 2001, p.136)

Nesse trecho, em que Paulo Honório desconfia de um caso entre Madalena e Padilha, sentimos a presença de duas vozes que se cruzam em sua consciência: a primeira é de repulsa pela possibilidade da existência dessa relação, chegando a lançar uma pergunta inconformada, como tentativa de antecipar-se à verdade. A consecutiva resposta, "A questão social", parece vir de uma segunda voz que adota uma nuance mais coerente e serena, baseada na lógica. A esta se contrapõe a primeira voz, que ressurge como uma tréplica tempestuosa, condenatória e conclusiva, anulando a tentativa de justificação.

Em outra sequência, o discurso condicional, como expressão de indeterminação, cede lugar a uma outra voz que o rebate e dissipa a incerteza, procurando enfatizar a ingenuidade nela contida: "Se eu soubesse... Soubesse o quê? Há lá marido que saiba nada?" (ibidem, p.137).

Antes da presença de Madalena, Paulo Honório não se desvia do seu caminho direto e se mantém na entonação que, de fato, lhe era inerente. Seu monólogo interior inabalável, depois, passa a estruturar-se como um diálogo, mais precisamente como uma polêmica que ele mantém consigo mesmo. O discurso aparentemente seguro e estável de Paulo Honório assume um caráter polifônico mais intenso e intranquilo para representar o dialogismo interior que se instaura em sua autoconsciência em crise:

> Mulher de escola normal! O Silveira me tinha prevenido indiretamente. Agora era aguentar as consequências da topada, para não ser besta.
> Aguentar! Ora aguentar! Eu ia lá continuar a aguentar semelhante desgraça? O que me faltava era uma prova: entrar no quarto de supetão e vê-la na cama com outro. (ibidem, p.139)

No trecho acima, o personagem reflete sobre a atitude a ser tomada no caso de traição. Seu discurso inicial cogita suportar resignado a suposta infidelidade, visto que deveria assumir a responsabilidade por não ter dado atenção às imprecisas e generalizadas informações que possuía sobre as moças normalistas. É uma voz que se atribui culpa, apoiada em um discurso externo, de um outro personagem, Silveira: "mulher de escola normal". Paulo Honório recupera esse discurso remoto do *outro*, desintencionado, pertencente a outro contexto, e o toma como advertência ao seu caso particular: "tinha me prevenido indiretamente". O discurso de Silveira, personagem desconhecido do leitor, não mencionado antes, surge subitamente, passa a ser levado em consideração e solicitado constantemente por Paulo Honório, após os atritos com Madalena. Além disso, há a outra voz de Paulo Honório que retruca contra o conformismo da primeira, de maneira agressiva e intolerante, e o incentiva a "fazer justiça" contra Madalena.

A reciprocidade da orientação dialógica torna-se uma característica, um fato do próprio discurso de Paulo Honório, dramatizando-o por dentro. A afirmação sobre determinado fato soa como uma constante polêmica velada que o personagem trava com um *outro*: ele anima e acalma a si mesmo e representa o *outro* (às vezes representado pela sua própria voz enciumada) em relação a si. Paulo Honório oscila entre uma voz que reconhece Madalena culpada e outra que a absolve. A combinação dissonante dessas duas vozes penetra e constrói o seu discurso: ora triunfa uma, ora outra, revelando as mudanças bruscas no estado de ânimo do personagem:

> A infelicidade deu um pulo medonho: notei que Madalena namorava os caboclos da lavoura. Os caboclos, sim senhor.
> Às vezes o bom senso me puxava as orelhas:
> – Baixa o fogo, sendeiro. Isso não tem pé nem cabeça. (ibidem, p.152)

O discurso incriminador do personagem, na primeira frase, procura transmitir austeridade, com a utilização da forma verbal "notei", que lhe confere um sentido de lucidez, de objetividade. No entanto, essa segurança é destruída logo em seguida, pela reiteração de suas próprias palavras ("Os caboclos, sim senhor"), revelando a necessidade de convencer a si próprio sobre o fato. É como se Paulo Honório ouvisse uma voz contestadora, que lhe aponta o descabimento de suas afirmações, e reagisse contra ela, enfatizando a acusação.

A segunda voz traz tons tranquilizadores, mas a segurança dela não consegue de modo algum apossar-se de Paulo Honório definitivamente e substituir a primeira voz atormentada. O discurso do ciúme está enredado pelo discurso alheio (sua outra voz sensata) a seu respeito: ele é ressalvado, discutido, diversamente interpretado e avaliado. A consciência de Paulo Honório se converte numa luta entre duas vozes que assumem a forma do mais tenso diálogo, no qual ele procura resolver sua ideia sem sucesso.

Em outra ocasião, Paulo Honório pensa ver um dos trabalhadores de enxada acenar para Madalena:

Com esforço e procurando distração, conseguia reprimir-me. Era intuitivo que o aceno não podia ser para ela. Não podia.
Ora não podia!
– Mulher não vai com carrapato porque não sabe qual é o macho. (ibidem, p.153)

Nesse caso, há uma primeira voz insegura de Paulo Honório, enciumada, mas que se esforça por conter-se. Essa voz de autocensura, cautelosa, no entanto, obriga-o a exagerar o acento de sua outra voz acusadora, que desfecha numa frase generalizante em discurso direto, como que dando resolução ao seu próprio dilema com a exteriorização do seu pensamento. O discurso direto, incisivo, atribui uma aparência de verdade à proposição e auxilia o personagem no trabalho de autoconvencimento. Apesar do surgimento do discurso direto, a polêmica dialógica se desenvolve no discurso interior de Paulo Honório. Ele não o dirige a nenhum personagem, a não ser a si mesmo, à sua própria consciência.

Nesse jogo incessante de argumentação e contra-argumentação, pergunta e resposta, a palavra de Paulo Honório se constrói basicamente a partir de retificações, mostrando-se tomada pela dúvida. Segundo Bakhtin (2005, p.197), "a consideração do contra-argumento produz mudanças específicas na estrutura do discurso dialógico, tornando-o interiormente fatual e dando um enfoque novo ao próprio objeto do discurso, descobrindo, neste, aspectos novos inacessíveis ao discurso monológico". Em consonância com essa afirmação, vemos que, na voz monologizada de Paulo Honório, a sua palavra é plenamente alheia a lutas internas. O posterior enfoque dialógico da consciência do personagem destrói essa integridade e turva a nitidez do seu discurso, diminuindo a sua capacidade peculiar de avaliação fria da realidade e aumentando o grau de elementos baseados na impressão e no delírio.

Apesar da constante preocupação com o que dizem e pensam a seu respeito, em alguns momentos, Paulo Honório procura, a qualquer custo, simular uma completa indiferença e independência em relação ao discurso do *outro* (porque também se preocupa em não deixar que percebam sua preocupação), forjando uma segunda voz desinteressada, de desprezo, que se alterna com sua voz desconfiada: "Que me importavam as opiniões do Padilha, de seu Ribeiro, de d. Glória, de Marciano? Casimiro Lopes é que não tinha opinião. Quem me dera ser como Casimiro Lopes!" (Ramos, [1934] 2001, p.151).

Ciente da preocupação extremada com a avaliação do *outro* sobre si e da tortura que isso lhe causa, encontramos em Paulo Honório a vontade de não dar atenção a sua voz neurótica e de buscar reassimilar a voz de confiança perdida, expressando-se como se realmente pensasse de forma diferente. No entanto, a comparação dos outros com Casimiro Lopes, no trecho citado, mostra que, na verdade, eles o incomodam por possuírem opinião própria, pois a ausência de senso crítico no jagunço, homem totalmente alienado e animalizado, é vista de modo positivo pelo protagonista. Incapaz de elaborar juízos próprios, Casimiro é o único personagem em quem Paulo Honório não perde a confiança, porque sabe que ele jamais se voltará contra suas ideias. O fazendeiro demonstra também que não está imune à opinião alheia ao expor seu desejo de ser como Casimiro, assumindo o conflito interno que o olhar censurador do *outro* lhe causa.

Apesar de negar a influência que sofre do *outro* – pois senão estaria admitindo sua fragilidade –, este abala definitivamente o pensamento de Paulo Honório, gerando no personagem uma crise insolúvel. Nesse conflito interior, que se torna patente em seu discurso, embora só um fale, ocorre um diálogo tenso em que Paulo Honório responde e reage às suas próprias palavras, para antecipar-se a possíveis réplicas de outros, assumindo, ao mesmo tempo, o papel do enunciador e de seu interlocutor, constituindo uma relação conturbada de vozes no âmbito de sua consciência desintegrada.

A palavra do *outro* citada e diversamente interpretada

No discurso de Paulo Honório tomado pela insegurança são comuns as repetições de suas próprias expressões ou de expressões pronunciadas por um outro personagem. A repetição das suas próprias palavras tem a função de reforçar-lhe a credibilidade, autoconvencer--se e convencer o *outro* daquilo de que ele próprio não tem certeza:

Quando as dúvidas se tornavam insuportáveis, vinha-me a necessidade de afirmar: Madalena tinha manha encoberta, indubitavelmente.
— Indubitavelmente, indubitavelmente, compreendem? Indubitavelmente.
As repetições continuadas traziam-me uma espécie de certeza. Esfregava as mãos. Indubitavelmente. Antes isso que oscilar de um lado para outro. (ibidem, p.151)

O *outro*, nesse caso, é o narratário a quem o narrador-personagem tem em vista e de quem solicita respaldo. Nesse fragmento, podemos discernir, ainda, a voz da enunciação, no presente da escrita, após os fatos ocorridos, que admite a dúvida e a necessidade de reafirmação que Paulo Honório tem no plano do enunciado. Já a segunda sentença, em discurso direto, instaura a voz do personagem no passado do relato, expressando toda a dramaticidade daquele momento aflitivo.

As palavras ditas por outros, por sua vez, também são repetidas por Paulo Honório, com fidelidade, mas interpretadas de maneira distorcida, em decorrência de sua perturbação. Seu discurso incorpora e representa a fala do *outro*, remoendo-a para decifrar sua significação. Nesse processo, ele dá um fundo dialógico às palavras que cita, manipulando o contexto e alterando o significado delas.

No Capítulo 24, em que Paulo Honório repreende Padilha pelo excesso de "falatórios" com Madalena, o empregado se justifica da seguinte maneira: "[...] Uma senhora instruída meter-se nessas bibocas. Precisa uma pessoa com quem possa entreter de vez em quando palestras amenas e variadas" (ibidem, p.125). Nessa situação, Paulo Honório repete a si mesmo a expressão de Padilha, "palestras amenas", revestindo-a com um novo acento, irônico, de ridicularização, mostrando não dar importância ao que o outro diz e atentando para a mesura afetada sustentada pelo personagem, um fracassado pedante que é visto como um indivíduo insignificante: "Achei graça. E não prestei mais atenção a Padilha, que, espetando os dedos nos espinhos, devastou uma roseira, à pressa, e escapuliu-se. Palestras amenas!" (ibidem, p.125).

Depois, o discurso do desprezado funcionário começa a tomar relevância na consciência de Paulo Honório, que passa a reproduzi-lo de modo deformado, enquadrando-o às suas intenções suspeitosas, criando uma interação tensa com ele: "Comunista, materialista. Bonito casamento! Amizade com o Padilha aquele imbecil. 'Palestras amenas e variadas'"(ibidem, p.133). Em relação a esse tipo de atitude discursiva, Bakhtin (2005, p.195) esclarece a sua natureza dialógica: "as palavras do outro, introduzidas na nossa fala, são revestidas inevitavelmente de algo novo, de nossa compreensão e de nossa avaliação, isto é, tornam-se bivocais".

Ao ser demitido da fazenda, Padilha, acreditando que o motivo fosse suas constantes e longas conversas com Madalena, que o desviavam de suas obrigações, explica-se a Paulo Honório, transferindo a responsabilidade para a esposa do patrão: "Aquela mulher foi a causa da minha desgraça" (Ramos [1934] 2001, p.147). Mais tarde, Paulo Honório, incomodado com o peso das palavras do empregado, pede explicações:

– Ó Padilha, por que foi que você disse que Madalena era a causa da sua desgraça?
– E o senhor quer negar? Se não fosse ela eu não perdia o emprego. Foi ela. E, veja o senhor, eu não gostava daquilo. Muitas vezes opinei, sem rebuço: "D. Madalena, seu Paulo embirra com o socialismo. É melhor a senhora deixar de novidade. Essas conversas não servem" [...]. (ibidem, p.149)

Ainda assim, Paulo Honório, mais adiante, quando imagina possíveis casos amorosos de Madalena com todos os seus conhecidos, retoma a fala de Padilha para reforçar suas suspeitas: "'Aquela mulher foi a causa da minha desgraça.' Que falta de respeito! Há quem atire semelhante heresia em cima de uma senhora casada, nas barbas do marido? Há? Não há. Querem mais claro?" (ibidem, p.152). Paulo Honório tem acesso ao sentido literal da frase, reconhece que ele não lhe é pertinente e, então, finalmente, deriva dela uma nova interpretação, que corresponda aos seus anseios, preferindo acreditar na sugestão da traição de Madalena. O enunciado de Padilha, então, perde o significado inicial e recebe um outro sentido na voz de Paulo Honório. Mesmo com os esclarecimentos, o fazendeiro não deixa de reavaliar minuciosamente a frase do outro personagem, alterando a forma como ela foi dita, a situação em que foi proferida e com que finalidade.

Ao final do mesmo diálogo, Paulo Honório, enciumado, pergunta a Padilha sobre que assunto ele costuma conversar com Madalena e, do mesmo modo, distorce o conteúdo da resposta, ao destacar dela apenas uma frase que, isolada do enunciado a que pertence, torna-se suscetível a múltiplas interpretações:

– Literatura, política, artes, religião... Uma senhora inteligente, a d. Madalena. E instruída, é uma biblioteca. Afinal eu estou chovendo no molhado. O senhor, melhor que eu, conhece a mulher que possui.
[...]
"O senhor conhece a mulher que possui".
Que frase!
Padilha sabia alguma coisa. Saberia? Ou teria falado à toa?
[...]
"O senhor conhece a mulher que possui". Conhecia nada! Era justamente o que me tirava o apetite. [...] (ibidem, p.149)

Paulo Honório entrevê na frase de Padilha um teor de ironia, um outro significado subentendido, porque ele próprio acredita não conhecer a mulher, apegando-se a situações fantasiosas, que não correspondem à personalidade que ela demonstra ter realmente.

Dominique Maingueneau (1996a) invoca as leis do discurso, assim como Bakhtin, para tratar o processo de comunicação da obra literária como um ato de enunciação submetido às normas da interação verbal. O autor define o "subentendido" (ibidem, p.105) como uma espécie de adivinhação colocada ao destinatário do discurso, que deve derivar de proposições preexistentes, baseando-se nos princípios gerais que regem a utilização da linguagem. Maingueneau explica, ainda, que esses subentendidos não são passíveis de predição fora do seu contexto; que, de acordo com a situação, uma mesma frase pode liberar subentendidos totalmente diferentes. As frases citadas de Padilha ("Aquela mulher foi a causa da minha desgraça" e "O senhor, melhor que eu, conhece a mulher que possui") são recebidas como subentendidos por Paulo Honório, que as transfere para o contexto da traição que povoa a sua mente.

Ainda segundo Maingueneau (ibidem, p.105), a atividade discursiva supõe uma cooperação de seus participantes que, no intercâmbio verbal, devem seguir um certo número de regras tácitas, as "máximas de conversação". Como locutor, Padilha postula que o seu parceiro conhece essas máximas e se baseia nessa presunção para fazê-lo inferir o seu "subentendido". Mas Paulo Honório não coopera, devido ao seu estado confuso, interpretando o subentendido fora da situação em que é enunciado. Com a afirmação "o senhor conhece, melhor do que eu, a mulher que possui", Padilha quer fazer compreender que Paulo Honório tem uma noção maior dos predicados de Madalena, como a inteligência e a cultura, devido ao fato dele ser casado com ela. De acordo com a verdadeira situação do diálogo, Padilha quer fazer Paulo Honório deduzir, por meio do subentendido, a seguinte mensagem: "Você conhece muito bem a sua esposa. Melhor do que eu, sabe que ela é bem informada e tem opinião própria, portanto, não preciso ficar enumerando as características dela". Mas, ao invés de operar a inferência esperada, Paulo Honório imagina que Padilha está sendo cínico, está deixando implícito que a sua esposa o trai sem ele o saber. Como receptor, Paulo Honório viola as regras de conversação e cooperação, encontrando na frase do outro personagem uma segunda intenção, um tipo de evasiva a partir da qual cria suas hipóteses absurdas. Sua interpretação, que supõe que o discurso de Padilha queira induzi-lo a atentar para a possível personalidade obscura e mundana de Madalena, portanto, seria: "Você não conhece a mulher que possui. Há coisas sobre ela que você ignora". Paulo Honório presume que Padilha, como um enunciador dissimulado, é quem desrespeita as regras do discurso, não querendo fazer-se entender diretamente, por meio da ironia.

Ruminando, inevitavelmente, em sua consciência, as palavras do empregado, Paulo Honório se coloca, por conta própria, totalmente refém do discurso de Padilha, ao contrário de antes, em que o manipulava com o seu discurso. Ao tirar conclusões que o outro não tem a intenção de suscitar, Paulo Honório subverte as regras do discurso, o que coincide com a subversão das posições de dominação. Ele reproduz o discurso de um *outro*, já dito, com nova interpretação, para criar um discurso não dito, apenas presumido, com o qual ele mantém uma relação de dependência.

Os olhos do *outro* como espelho deformante

Ao defrontar-se dialogicamente com outra consciência, Paulo Honório se vê com os olhos do *outro* e, então, todas as suas qualidades antes estáveis tornam-se, para ele, objeto de reflexão e de autoconsciência, fazendo emergir uma autoimagem que se aproxima do grotesco.

Em seu estado primitivo, assim como não apresenta conflitos internos, Paulo Honório também não desenvolve problemas em relação à sua imagem exterior. Seguro de si, em consonância com a constituição psicológica que possuía, ele avalia positivamente suas características físicas, como sinais de experiência e de imponência, reconhecendo as vantagens que elas lhe proporcionam: [...] "A idade, o peso, as sobrancelhas cerradas e grisalhas, este rosto vermelho e cabeludo têm-me rendido muita consideração. Quando me faltavam estas qualidades, a consideração era menor" (Ramos, [1934] 2001, p.10)

Com a chegada de Madalena, os tons de confiança em sua própria imagem são exterminados e dão lugar a um sentimento de repulsa. Ele passa a ressaltar seu caráter mau, sua aparência desagradável, aplicando uma gradação de tom negativo em sua autocaracterização. Essa nuance autodepreciativa de seu discurso tem início com a atitude que Paulo Honório desenvolve de comparar-se fisicamente aos outros homens, como Nogueira e dr. Magalhães, em virtude do ciúme, para tentar antecipar-se à preferência de Madalena, ao possível pensamento dela a seu respeito e a respeito desses outros:

> Confio em mim. Mas exagerei os olhos bonitos do Nogueira, a roupa bem feita, a voz insinuante. Pensei nos meus oitenta e nove quilos, neste rosto vermelho de sobrancelhas espessas. Cruzei descontente as mãos enormes, cabeludas, endurecidas em muitos anos de lavoura. (ibidem, p.133)

Anteriormente, os mesmos atributos não geravam conflito pessoal, pois Paulo Honório, em seu egocentrismo, não enxergava o *outro* em nível de igualdade, não o tinha como referência. O *outro* era coisificado, reconhecido pela função que desempenhava, e a sua imagem exterior, quando referida, apenas ressaltava certos aspectos caricatos, como as suíças de seu Ribeiro ou o nariz grande com pince-nez de dr. Magalhães, conferindo-lhe um aspecto burlesco. Os atributos próprios, por outro lado, antes eram motivo de orgulho, porque a imagem que Paulo Honório fazia de si não era constituída com base no fator estético, mas no fator funcional.

Depois, a avaliação que tem do *outro*, e consequentemente de si, modifica-se, porque passa pelo suposto crivo de Madalena. A declaração "Confio em mim" mostra que a preocupação de Paulo Honório não está em parecer melhor que o *outro* (encarado como um concorrente) na sua própria avaliação e nem na opinião desse *outro*. Na verdade, ele se preocupa em saber qual dos dois mais agrada Madalena, na espécie de disputa que cria em sua mente. As imagens de Nogueira, do dr. Magalhães e a sua própria são construídas a partir do que Paulo Honório acredita que Madalena pensa. Em virtude disso, o seu discurso inseguro tende a elevar as qualidades dos outros personagens, enquanto as suas próprias sofrem uma inferiorização:

> As [mãos] do dr. Magalhães, homem de pena, eram macias como pelica, e as unhas, bem aparadas, certamente não arranhavam. Se ele só pegava em autos!
> Madalena ressonava. Tão franzina, tão delicada! Ultimamente ia emagrecendo.
> Levantei-me e aproximei-me da luz. As minhas mãos eram realmente enormes. Fui ao espelho. Muito feio, o dr. Magalhães; mas eu, naquela vida dos mil diabos, berrando com os caboclos o dia inteiro, ao sol, estava medonho. Queimado. Que sobrancelhas! O cabelo era grisalho, mas a barba embranquecia. Sem me barbear! Que desleixo! (ibidem, p.140)

Paulo Honório coloca-se como um "eu para Madalena" em relação ao *outro* para Madalena. O despeito causado por essas comparações desvantajosas acentua o seu descontentamento com a aparência e dá consistência à presença da esposa como construtora de sua imagem possível. Ele toma consciência do seu aspecto físico não apenas a partir da confrontação com o aspecto de um outro homem, do processo comparativo em que são pesadas as características de ambos. Ele toma consciência de si, sobretudo, a partir do momento em que leva em conta se a sua imagem, comparada ou não à imagem de outra pessoa, é digna de aprovação aos olhos de Madalena. A autocontemplação não é apresentada, no romance, como um ato solitário, pois nela interfere a outra consciência: Paulo Honório avalia a condição de sua imagem física baseado na suposta impressão que ela venha causar em Madalena.

Segundo Bakhtin (2003, p.31), nossa imagem refletida no espelho compõe-se da expressão de nossa relação com a avaliação possível do *outro*, que pode ser de satisfação ou insatisfação. Nossa relação com a imagem externa diz respeito ao seu eventual efeito sobre os outros, observadores imediatos, isto é, nós a avaliamos não para nós mesmos, mas para os outros e através dos outros. O autor observa nessa relação de dependência que se tem com o conceito alheio na formação da autoimagem física uma interseção dialógica de consciências:

> [...] pode-se dizer que o homem tem uma necessidade estética absoluta do outro, do seu ativismo que vê, lembra-se, reúne e unifica, que é a única capaz de criar para ele uma personalidade externamente acabada. Tal personalidade não existe se o outro não a cria; [...] (ibidem, p.33)

Quando Paulo Honório procura analisar sua imagem externa, está obsessivamente preocupado com a impressão que ela suscita. Ela só se torna um todo se é vista de fora. Seus traços rígidos, que ele próprio se atribui, já não podem concluir sua imagem integral e a avaliação do *outro* torna-se necessária para completá-la. Se antes o personagem não se preocupa com sua imagem física, depois, com a inserção de Madalena em sua consciência, Paulo Honório se vê obrigado a contemplar no espelho sua figura desgastada e embrutecida. Ele absorve todos os traços antes estáveis de sua aparência, como o estado de suas mãos, do rosto, das sobrancelhas e da barba, tornando-os objeto de reflexão, analisando-os sob uma outra perspectiva, como se os visse pela primeira vez.

A partir do seu novo ponto de vista, Paulo Honório cria um repúdio específico pela sua aparência, pois sente nela o poder do *outro* sobre si, diferente de antes, quando se gaba das suas características, com convicção em suas apreciações. A opinião do *outro* a seu respeito penetra no seu campo de visão, despojando-o da autossuficiência: ele olha para seu corpo através do possível olhar de Madalena e, em decorrência disso, produz uma autoimagem disfórica. Seu discurso sobre si mesmo torna-se extremamente tenso e deliberadamente aviltado, podendo ser interpretado como um sinal de sua fragilidade emocional.

> Foi este modo de vida que me inutilizou. Sou um aleijado. Devo ter um coração miúdo, lacunas no cérebro, nervos diferentes dos nervos dos outros homens. E um nariz enorme, uma boca enorme, dedos enormes.
> Se Madalena me visse assim, com certeza me achava extraordinariamente feio. (Ramos [1934] 2001, p.190)

A reflexão sobre as características externas do personagem é acompanhada pelo reconhecimento do seu eu interior, da identificação do seu caráter vil. Ao olhar-se exteriormente, Paulo Honório olha para dentro de si mesmo e os traços que constituem o seu até então sólido perfil sociocaracterológico também se tornam objeto de sua angustiada autoconsciência: "Foi este modo de vida que me inutilizou". Tudo, até a prática de exploração capitalista, é introduzido no seu campo de visão. Paulo Honório não representa mais apenas a figura do proprietário rural desumanizado, mas a autoconsciência dele.

A relação imediata do personagem consigo mesmo vai do narcisismo à autonegação. O papel do *outro*, nessa mudança, se mostra fundamental, pois só a partir dele Paulo Honório torna-se capaz de construir um discurso profundo sobre si mesmo. O simples gesto de autocontemplação no espelho revela-se um complexo jogo de olhar-

-se com os próprios olhos e com os olhos do *outro* ao mesmo tempo, que caracteriza a composição heterogênea de sua nova imagem. A consciência, o olhar dos outros, acaba adquirindo a função do espelho, pois é nela que o personagem se reflete e se descobre.

Parte III
A representação do (des)controle do discurso no nível metalinguístico

Em *São Bernardo*, os dois planos da narrativa, o da enunciação (Paulo Honório que narra a história) e o do enunciado (Paulo Honório que vive a história), nem sempre são nitidamente distintos, pois interpenetram-se. A história da vida de Paulo Honório contada em seu livro – uma metanarrativa comandada por um narrador autodiegético, na tipologia proposta por Genette (1979)[1] – apresenta-se como uma narrativa segunda no seu princípio, mas é imediatamente deslocada para o nível primeiro pelo narrador. A sua lembrança está constantemente presentificando o passado do relato, que parece esquecer o seu propósito memorial e desenvolver-se por si mesmo, em narrativa direta, de maneira que o leitor deixe de atentar para o contorno espaço-temporal que lhe tinha dado origem.

Entretanto, em determinados momentos, os dois planos narrativos são delimitados pelo narrador-personagem com a inserção de marcas no texto, como no trecho: "Lembro-me de um cego que me puxava as orelhas e da velha Margarida, que vendia doces" (Ramos, [1934]

---

1 A *metanarrativa* consiste numa narrativa segunda, encaixada no interior do universo da narrativa primeira, conforme esclarece Genette (s. d., p.227). O narrador *autodiegético* é o que relata as suas próprias experiências como personagem central da história (ibidem, p.246).

2001, p.21). Nessa frase, o tempo presente ("Lembro-me") opõe-se ao passado ("puxava" e "vendia") e demarca a diferença entre a primeira oração e as seguintes, colocando em evidência a instância do discurso.

A essas sutis marcações de origem memorialística unem-se os momentos mais incisivos em que o narrador intruso, parecendo situado fora do texto, emerge no plano do enunciado para tecer comentários sobre a concepção da obra e fazer o narratário lembrar da sua condição de escritor. Nesses instantes, ele apresenta abertamente a sua narrativa como obra literária e assume o papel de autor (fictício). Por meio dessa estratégia, notamos que é Paulo Honório quem redige as páginas que lemos: o livro que ele escreve, dentro da história, faz dele um personagem-escritor, e essa dupla função projeta-o do plano da diegese para o da narração, simulando a escritura do próprio romance *São Bernardo*.

Essas intrusões garantem a impressão de uma obra em constante gestação, de um texto que se vai gerando à medida que se lê: "Dois capítulos perdidos. Talvez não fosse mau aproveitar os do Gondim, depois de expurgados" (ibidem, p.10), pondera o personagem-escritor, exatamente ao final do segundo capítulo do romance produzido e internamente organizado pelo autor real, Graciliano Ramos. Tais intervenções, que mostram Paulo Honório no ato de composição intraficcional do livro que lemos, permitem vislumbrar o jogo de representação que tende a desmascarar o processo de construção da obra, pois, ao mesmo tempo em que o personagem nos relata a sua história, põe-nos a par desse processo.

Roland Barthes atenta para esse tipo de ocorrência, da presença da metalinguagem na literatura, observando que, predominantemente a partir do século XX, ela deixa de ser uma atividade reflexiva exterior ao texto para tornar-se componente expressivo, situado no interior do próprio objeto literário: "A literatura recentemente passa a ser considerada como uma linguagem, submetida, como qualquer outra linguagem, à distinção lógica: a literatura passa a dividir-se em objeto ao mesmo tempo olhante e olhado" (Barthes, 1970, p.12). Segundo o crítico, há um "desejo de querer confundir numa mesma substância escrita a literatura e o pensamento da literatura" (ibidem, p.27)

Seguindo essa tendência, em *São Bernardo*, por meio do projeto operativo formulado no interior do universo ficcional, como elemento intrínseco à obra, vemos o personagem-escritor impor o seu método particular de produção literária, que se conforma ao seu modo inicial de ser: dominador e imbuído de uma visão de mundo pragmática. A expressão da metalinguagem, construída por ele por meio da digressão reflexiva, traduz o mais direto e explícito processo de afirmação dos seus princípios axiológicos.

Abel Barros Baptista (1993), em seu artigo "Autor ficcional e ficção do livro em 'São Bernardo'", em que atribui posição de destaque aos dois primeiros capítulos do romance, os "capítulos perdidos", reconhece neles o momento de preparação de Paulo Honório para começar a escrever seu livro, distinguindo-os dos capítulos seguintes, nos quais o personagem já assumiu o papel de escritor ficcional. Nesse estudo, Baptista retoma a questão levantada por Álvaro Lins (1998), que considera um problema de construção, responsável por uma inverossimilhança, o fato de Paulo Honório, personagem rude, com pouca instrução, propor-se a escrever um livro e fazê-lo com sucesso, de maneira complexa, considerando que na ficção ele se coloca como autor do próprio romance *São Bernardo*. Contrariando essa observação, Baptista avalia que o próprio personagem sofre uma transformação a partir do momento em que resolve escrever o livro, apontando uma descontinuidade entre o Paulo Honório narrador e o Paulo Honório protagonista, o que justificaria sua capacidade para realizar a tarefa:

> Do Paulo Honório dono e senhor da escrita dos outros, passamos ao Paulo Honório dominado pela própria escrita: na passagem de decisão do livro ao momento da escrita há uma perda: perda da determinação, do domínio, do programa. No fundo, perda do livro por força da emergência da escrita. (Baptista, 1993, p.163)

O crítico busca mostrar que a decisão de escrever sobre sua vida opera em Paulo Honório uma ruptura, pois, ao deixar de lado sua habilidade na atividade de proprietário para enveredar no campo desconhecido da escrita, mesmo que sem pretensões literárias, o narrador-personagem demonstra uma atitude de afastamento dos poderes assegurados em outros setores para dar início ao aprendizado incerto de um novo ofício. Esse processo de aprendizagem seria representado dentro do próprio romance, por meio das inserções metalinguísticas desse narrador, nas quais ele expõe suas inseguranças iniciais diante da atividade de escrever, seguidas de uma evolução gradativa que o levará a tornar-se um verdadeiro romancista ao término da obra. A ideia inicial de composição do livro pela "divisão do trabalho", segundo Baptista (1993, p.164), demonstra uma extensão do comportamento do proprietário, que o projeta de modo semelhante ao que administra sua fazenda, apropriando-se do trabalho dos outros. Após a constatação da inviabilidade desse plano, Paulo Honório depara-se com uma necessidade que o obriga a escrever o livro sozinho, sem saber como fazê-lo e sem projeto, revelando, com isso, a perda do domínio de si próprio.

Por outro lado, Sônia Brayner (1978, p.213), sob uma perspectiva geral da obra, discorrendo sobre a preocupação de Graciliano Ramos com o texto enquanto produção ao escolher um "pseudoautor" como foco narrativo, afirma que, como escritor, "Paulo Honório demonstra uma autonomia deliberada, total independência, manipulação e autoritarismo". Sem entrarmos na questão da adequação ou não do personagem ao papel de escritor ficcional do romance, entendemos que a sua manipulação deliberada e manifesta sobre a escrita não se dá de uma maneira constante e que a perda do domínio sobre si e, supostamente, sobre o próprio livro que Paulo Honório escreve aparece, de modo mais evidente, somente a partir da narração do surgimento de Madalena na história, com a redução expressiva dos comentários dele sobre a construção do texto.

Desse momento em diante, vemos o personagem perder o controle sobre o universo que ele domina e sobre os outros personagens que nele estão inseridos. Quando a consciência de Paulo Honório passa a sofrer influências externas e ele começa a relativizar os seus princípios, até então sólidos, praticamente esvaecem as inserções em que a instância narrativa é colocada em evidência junto com o seu artifício. A perda de controle no plano da diegese é acompanhada por uma mudança de estilo da narração: sua segurança em relação à escrita desaparece ao mesmo tempo em que relata a perda da segurança sobre suas atitudes no passado.

Consideramos, portanto, que os elementos reveladores das articulações internas da narrativa, inicialmente, constituem não um instante de insegurança e despreparo diante do ato de escrever, mas índices da representação do momento inicial de controle absoluto do narrador Paulo Honório sobre o discurso e sobre o seu próprio livro. Ao distanciar-se, por meio da atitude metadiscursiva, estando de fora, senhor da linguagem, o narrador assume uma ampla perspectiva sobre o texto e instaura as fronteiras pertinentes que o separam da história que relata. Desse modo, ele confirma o seu poder de manipulação sobre o discurso narrativo ao apresentar, num caráter de espetacularização, os meios com os quais o domina. Com isso, ele impede que o narratário se esqueça por muito tempo de que a história que acompanha é a escritura do livro por ele produzido, caracterizando uma espécie de egocentrismo narrativo.

Linda Hutcheon (1984) serve-se do mito de Narciso para explicar alegoricamente o que chama de "autoconsciência textual", utilizando o adjetivo "narcisista" para designar essa forma de literatura que se autocontempla por meio do seu engenho levado à superfície. *São Bernardo* apresenta o que a autora classifica como *overt forms*, ou "formas abertas" de narcisismo: "Os textos declaradamente narcisistas revelam a sua autoconsciência por meio de tematizações explícitas ou alegorizações, em seu próprio interior, de sua identidade diegética ou linguística" (Hutcheon, 1984, p.7, tradução nossa).[2]

Ao introduzir registros contundentes da sua existência, a parcialidade da voz da enunciação é fortemente marcada no romance: quando o narrador parece propenso a considerar diferentes possibilidades em torno da construção ficcional, encerra o questionamento acerca da sua escrita logo em seguida, impondo sua preferência soberana. Isto é feito, por exemplo, em relação ao estilo descritivo gratuitamente

---

2 *Overtly narcissistic texts reveal their self-awareness in explicit thematizations or allegorizations of their diegetic or linguistic identity within the texts themselves.*

decorativo, ao repeli-lo por não condizer com seus propósitos que priorizam a funcionalidade, na passagem em que relata sua viagem de trem na companhia de d. Glória: "Uma coisa que omiti e produziria bom efeito foi a paisagem. Andei mal. Efetivamente a minha narrativa dá ideia de uma palestra realizada fora da terra" (Ramos, [1934] 2001, p.77). E, no parágrafo seguinte: "Essa descrição, porém, só seria aqui embutida por motivo de ordem técnica. E não tenho o intuito de escrever em conformidade com as regras" (ibidem, p.78).

Nesses momentos, a dúvida quanto ao procedimento não se manifesta de modo a interferir na fluência da narração. O narrador, na verdade, coloca diante de si diferentes recursos que poderia empregar, somente para mostrar que preferiu realizar sua vontade, à revelia das convenções; ele apenas encena uma problematização do narrar para, ao fim, sancionar sua escolha particular, previamente determinada. A sua consciência interfere abertamente na história e seleciona os elementos que vão constituir sua confissão, envolvendo o leitor nesse processo de estruturação com a intenção de ressaltar sua autoridade sobre o texto. Paulo Honório torna o leitor consciente da narrativa que lê e, por consequência, do poder que ele detém sobre ela: "Vou dividir um capítulo em dois. Realmente o que se segue podia encaixar-se no que procurei expor antes dessa digressão. Mas não tem dúvida, faço um capítulo especial por causa de Madalena" (ibidem, p.78).

Em sua atividade literária, o escritor fictício busca parecer que não se prende a um projeto ou a uma direção específica. As regras do jogo são constantemente mudadas ao bel prazer desse narrador que, sem subterfúgios, em sua indiscrição, desfaz as máscaras da literatura para demonstrar sua total falta de compromisso em relação às formas tradicionais, revelando certa despreocupação com a "correção" de sua produção. Alheio a críticas, para ele, realizar um romance parece ser apenas contar uma história, sem a preocupação com a maneira de contar. A praticidade característica do personagem em seus projetos de ascensão social parece estender-se ao seu ofício de escritor, no qual, para se atingir o fim desejado, é irrelevante se o método adotado se desvia ou não das normas estabelecidas:

Continuemos. Tenciono contar a minha história. Difícil. Talvez deixe de mencionar particularidades úteis, que me pareçam acessórias e dispensáveis. Também pode ser que, habituado a tratar com matutos, não confie suficientemente na compreensão dos leitores e repita passagens insignificantes. De resto isto vai arranjado sem nenhuma ordem, como se vê. Não importa. Na opinião dos caboclos que me servem, todo caminho dá na venda. (ibidem, p.8)

Ao mesmo tempo em que representa não se preocupar com os procedimentos construtivos, Paulo Honório procura desdenhar da sua própria capacidade como escritor, ressaltando as dificuldades que surgem com essa nova ocupação, que lhe é estranha. Desse modo, insere o trabalho literário na categoria de mais um dos obstáculos que consegue transpor, à sua maneira determinada, destacando a sua habilidade em superar problemas e reafirmando o seu estereótipo de perseguidor inquieto. Assim como a fazenda, o dinheiro, a esposa e a filho, o livro de Paulo Honório é mais um objeto a conquistar e ele transforma essa tarefa em desafio pessoal. Quando narra a trajetória de conquistas e de dominação que produz sua imagem estável como personagem, antes de confrontar com o seu *outro*, Madalena, sua narração se ajusta perfeitamente ao seu estado psicológico daquele momento. O efeito que se tem é que aquele Paulo Honório do passado é quem conta a sua história, numa forma de revivificação daquele instante, apesar de escrever o livro após a morte de Madalena.

Contudo, mesmo declarando incompetência e negligência com os problemas de ordem técnica, o narrador demonstra não ser tão desatento às questões estéticas e não deixar de ter a referência convencional em perspectiva, mas apenas ser indiferente a ela. Suas asserções metalinguísticas revelam um trabalho consciente com a palavra e dão mostras de suas concepções artísticas específicas, imputáveis ao autor implícito. Ao dizer que "todo caminho dá na venda", Paulo Honório faz referência às técnicas de ordem temporal empregadas no romance, como a não linearidade da história, entremeada de digressões.

"Reproduzo o que julgo interessante. Suprimi diversas passagens, modifiquei outras [...] É o processo que adoto; extraio dos acontecimentos algumas parcelas; o resto é bagaço" (ibidem, p.77). É o que confessa o narrador, referindo-se ao estilo conciso que adota para o romance, conforme o comentário de Hélio Pólvora (1978, p.125) sobre o mesmo fragmento: "Essas palavras poderíamos aplicar à escritura de Graciliano Ramos, ao seu jeito sintético e direto, contido e denso. À sua capacidade de fugir ao que não é essencial, contornar subterfúgios, evitar extrapolações, subtrair contrapesos verbais".

Paulo Honório expõe a extensão do seu comportamento autoritário e centralizador ao fazer literário, também, ao dispensar a colaboração dos amigos e decidir realizar a escritura de suas memórias sozinho, valendo-se dos seus próprios recursos, embora "limitados", pois não admite dividir essa forma específica de poder que o livro representa. Na sua composição, ele prefere decidir tudo individualmente, numa relação de coerência com a sua práxis totalizadora: "Afinal foi bom privar-me da cooperação de padre Silvestre, de João Nogueira e do Gondim" (Ramos, [1934] 2001, p.8).

Para estabelecer como apropriado o seu estilo pessoal e justificar a atitude de recusa à interferência dos outros no seu projeto, Paulo Honório promove uma ridicularização dos procedimentos sugeridos por eles que não correspondam aos seus planos. Referindo-se a essas opiniões de maneira vexatória, condena, por exemplo, o uso de inversões sintáticas, o que considera pedantismo da parte de João Nogueira, que "queria o romance em língua de Camões, com períodos de trás para diante" (ibidem, p.5). A contribuição de Azevedo Gondim, que argumenta que "não se pode escrever como se fala", também é prontamente rejeitada, pelo fato de sua escrita não corresponder à forma coloquial defendida por Paulo Honório, em seu desejo de fugir do artificialismo e do rebuscamento da linguagem para proporcionar à sua história um estilo mais realista. Nesses capítulos iniciais, portanto, em sua "preparação" para começar o relato, ele oferece ao narratário uma antecipação dos aspectos estilísticos, do tipo de narrativa dura e sem floreios que o espera. Para Abdala Júnior (1987, p.402), a linguagem empregada em *São Bernardo* pode ser comparada ao estilo jornalístico, segundo ele, mais eficaz e distanciado do "elitismo léxico e sintático da literatura centralizada na busca de formas preciosistas":

[No] nível do léxico, há em *São Bernardo* a substituição do nível culto (tradicional) pelo comum (jornalístico), coloquial. Conforma-se na escrita uma realidade bruta, tão seca e áspera como o seu referente histórico. Frase curta, ordem direta, elos de conexão imediata e evidente, etc. (ibidem, p.402)

O narrador-personagem impõe sua ideologia também no plano estético-literário, mostrando desviar-se, se necessário, de fórmulas estereotipadas, em defesa de um estilo correspondente ao seu perfil prático, dinâmico e ousado. Com o pretexto de não ter conhecimento sobre literatura, a atitude enunciativa espontânea do autodidata Paulo Honório conduz à revelação de uma liberdade de escolha que o isenta de seguir qualquer preceito estabelecido. Constante em sua linha de raciocínio, ele não cria impasses quanto ao método, optando sempre pelo que considera mais eficaz. Essa atitude independente diante da escrita reflete o comportamento do personagem perante a sociedade em que está inserido, visto que, no plano literário, ele não se prende ao enquadramento institucionalizado se não lhe for de utilidade, assim como procede em todos os campos de atividade com os quais se compromete.

A atitude assumidamente manipuladora da confecção da obra pelo narrador, junto à linguagem lacônica e sem alardes de imagens, casa-se com perfeição à figura, a princípio inexorável, do herói, em sua satisfação consigo mesmo e sua visão reificante do mundo. A revelação do próprio fazer literário, no plano da narração, e as ações praticadas pelo personagem, no plano da diegese, estão ligadas às relações de poder, correspondendo à afirmação de Sônia Brayner (1978, p.213) em relação ao estilo adotado por Graciliano Ramos, de que, em *São Bernardo*, "o sistema de valores instaurado vai delimitar as relações do escritor com a linguagem de uma forma agressiva".

Enquanto manipulador do discurso, o autor fictício demonstra não sofrer interferências de nenhum lado, impondo seus valores de maneira sentenciosa e afirmando sua autenticidade em relação à escrita, numa conjuntura caracteristicamente monológica. As intrusões de teor metalinguístico permitem configurar posições doutrinárias bem definidas, atribuíveis a esse narrador-personagem, e elas acabam projetando-se sobre o narratário, com pretensão de influenciar suas crenças e valores dominantes.

Posteriormente, quando Paulo Honório tem suas convicções minadas pela interferência da opinião de outros em sua consciência e entra num estado de conflito interno e de insegurança, o realce dado ao ato de escrever praticamente desaparece. Paralelamente à perda do controle alienante sobre as vozes dos outros personagens que habitam o universo ficcional, Paulo Honório parece perder o controle sobre sua própria escrita que, fluindo sem interferências, aparenta adquirir independência e sair de seu domínio.

De início, com o processo construtivo à mostra, o narrador-personagem demonstra total segurança sobre suas escolhas metodológicas. Depois, a narração incorpora a mesma hesitação adquirida pelo personagem, de tal modo que não lhe sobra mais espaço para exibir os mecanismos da escrita. A atitude ostensiva é deixada de lado por Paulo Honório, que passa a ter todas suas preocupações obsessivamente voltadas para o juízo alheio, para a maneira possível de pensar dos outros personagens. O narrador quase que se apaga para iluminar o personagem e a sensação de presentificação do relato se acentua. Abandonando a clareza sistemática dos passos de sua criação para entrar no terreno da subjetividade, a história passa a desenvolver-se quase sem interferências extradiegéticas, num movimento de aproximação do narrador, que parece deixar de contá-la para vivê-la.

No contexto em que predomina a dúvida em todos os campos, não temos mais a sensação de ler a história de um personagem relatada por ele próprio no livro que escreve. Agora, todo aquele otimismo crédulo nas transformações exteriores parecem ridiculamente inúteis e, nas raras incursões do narrador no plano do enunciado, ele já não expõe as suas técnicas de manipulação narrativa. Apenas declara a sua dificuldade de escrever, que vem acompanhada pela incapacidade de retomar o controle sobre sua vida e de resolver até os pequenos problemas cotidianos de natureza prática da fazenda, confessando ter se tornado um homem estático, numa identidade perfeita entre o Paulo Honório escritor e o Paulo Honório administrador.

O questionamento sobre os fatos que o levaram a escrever também é uma preocupação que antes não se apresentava na sua narração, em coerência com o momento de "explorador feroz" do personagem no nível da história, que nada problematizava, apenas agia: "Então para que escreve? – Sei lá!" (Ramos, [1934] 2001, p.10). Esse interrogar-se através da linguagem, da reprodução, por meio da escrita, da realidade que ele não consegue mais suportar, no presente solitário, revela o conflito insolúvel que se instaura no personagem, que esquece até mesmo o seu objetivo inicial de lucrar com a publicação de suas memórias.

As situações de interrogação e de problematização da escrita que não flui surgem nos momentos em que a história da vida de Paulo Honório une-se à narração e a narrativa chega ao seu aqui-agora. O narrador relata os fatos acontecidos anteriormente, na forma de um grande *flashback*, que vão progredindo cronologicamente até encontrarem-se novamente no momento da escrita do seu livro, fazendo coincidir os tempos da enunciação e do enunciado, coagulados no estilo direto da cena. É, segundo Genette (s. d., p.225), a prática corrente da narração autobiográfica, na qual se vê "a narrativa conduzir o seu herói até ao ponto onde o narrador o espera, para que essas duas hipóstases se encontrem e enfim se confundam":

> Quando os grilos cantam, sento-me aqui à mesa da sala de jantar, bebo café, acendo o cachimbo. Às vezes as ideias não vêm, ou vêm muito numerosas – e a folha permanece meio escrita, como estava na véspera. Releio algumas linhas, que me desagradam. Não vale a pena tentar corrigi-las. Afasto o papel. (Ramos, [1934] 2001, p.101)

A mesma declaração é inserida pelo narrador no início, no meio e no encerramento do romance, reiterando a dificuldade de Paulo Honório com a escrita no presente conflituoso e apontando para a falta de saída do narrador-personagem, incapaz de livrar-se dos sentimentos reconhecidamente autodestrutivos que lhe estão interiorizados. Paulo Honório que, no Capítulo 16, opunha a função, para ele supérflua, da biblioteca pública da cidade à necessidade visivelmente indiscutível do hospital, em uma de suas manifestações de repúdio à literatura, ironicamente termina por recorrer a esta como tentativa de abrandamento de sua enfermidade espiritual. Nas palavras de Otto Maria Carpeaux (2004, p.236), "na arte o turbilhão angustiado encontra a calma". Buscando identificar o autor em sua obra, o crítico afirma que Paulo Honório, assim como Graciliano Ramos, deseja voltar à "imobilidade do mundo primitivo" por meio da escrita. Ele busca na arte a via da redenção para o seu patológico sentimento de propriedade e a fuga da realidade atormentadora do mundo exterior, ao qual está preso.

Em *São Bernardo*, a narração da fase extraordinária de conquistas de Paulo Honório, em que a ação se sobrepõe à reflexão – embora realizada retrospectivamente, no momento em que o narrador já possui uma consciência atormentada pelas experiências vividas no passado, o que constitui o motor da sua escrita –, assume também um aspecto lógico-pragmático, coerente com o personagem, em parte por razão do descortinamento do processo de construção do enredo. Na fase posterior ao casamento com Madalena, quando o personagem torna-se instável no enunciado e entra em confronto dialógico com o "eu do outro", quase não se encontram mais as marcas desse processo, evidenciando-se a representação de uma perda da estabilidade também no plano da enunciação. Ocorre uma modificação no próprio modo de narrar, reverberada pelas constituições psicológicas diferentes que o personagem apresenta ao longo da história.

O romance parece vincular a presença da metalinguagem às necessidades do desenvolvimento temático, concentrado nas relações de poder e declínio, tornando-a, assim, um complemento do perfil de Paulo Honório, um auxílio na composição do personagem. Na atitude de escrever sobre a sua história de conquista e decadência, Paulo Honório entrega-se num esforço de adequação do seu estilo ao objeto.

A metalinguagem, em *São Bernardo*, apresenta-se comprometida com a questão do poder em função da situação narrativa em que ocorre. Ela está fortemente presente na fase inicial como uma forma de exposição do domínio absoluto do processo discursivo pelo narrador-personagem onipotente, que também domina o mundo da ficção. Posteriormente, quando é narrado o período de desnorteamento e de estagnação do personagem no nível da história, a menor intensidade com que os elementos metalinguísticos são apresentados conforma-se com o momento de encenação da perda do controle sobre o próprio discurso pelo narrador, que é refletida na incapacidade de Paulo Honório escrever.

Parte IV
Ironia e aclaramento da consciência de Paulo Honório

No início do romance, na etapa que consideramos, em certo grau, monologizada, o narrador enaltece um modelo de administração rural que se aproxima, em muitos aspectos, dos moldes de organização capitalista dos meios de produção e transfere o comportamento adotado nessa prática para todos os âmbitos de sua vida, procurando instituí-lo como o único viável. Dentro de sua esfera regional, as relações sociais representadas pelo discurso de Paulo Honório, característico de uma classe patronal, fundamentam-se em valores materiais que revelam um homem reificado, cuja busca centra-se no poder financeiro à custa da exploração dos mais ingênuos ou daquele que lhe é inferior, em qualquer nível.

Conforme constatamos anteriormente, o narrador-personagem, no relato de sua vida passada, parece ajustar sua narração ao ponto de vista que possuía antes, que difere do seu modo de pensar no presente, procurando diminuir ou neutralizar a distância temporal entre enunciado e enunciação. Nessa instância, a narração de Paulo Honório mostra-se de tal forma tendenciosa em favor de suas atitudes – coerentes com um sistema econômico baseado na competição – que, apesar destas nem sempre apresentarem-se virtuosas, abre a possibilidade de despertar no leitor um certo grau de simpatia por ele. O discurso envolvente e seguro de Paulo Honório, potencializado pelo relato de sua origem pobre, pela obstinação que ele demonstra para progredir e pela sua maneira engenhosa de proceder, torna viável que se torça pelo sucesso em suas buscas. Essa tendência se acentua, ainda, pelo contraste que ele realiza entre si e os outros personagens, que são mostrados, geralmente, de modo inferiorizado, na categoria de ignorantes, acomodados, retrógrados ou covardes.

O advento do capitalismo é abordado em seus aspectos positivos, como o consequente surgimento de um avanço nas condições de trabalho e de produção, que sofrem uma modernização. Paulo Honório, constantemente, faz referência às suas realizações, procurando demonstrar o seu espírito transformador e os benefícios que proporciona aos seus empregados, situados numa posição privilegiada em comparação aos trabalhadores dos proprietários vizinhos:

> Devagarinho, foram clareando as lâmpadas da iluminação elétrica. Luzes também nas casas dos moradores. Se aqueles desgraçados que se apertavam lá embaixo, ao pé das cercas de Bom-Sucesso, tinham nunca pensado em alumiar-se com eletricidade! Luz até meia-noite. Conforto! E eu pretendia instalar telefones. (Ramos [1934] 2001, p.47)

Apesar disso, o lado negativo do sistema de dominação e de acúmulo não deixa de ser evidenciado, como a prática do autoritarismo, da exploração e da violência contra o trabalhador. Todavia, o narrador procura amenizar esses problemas, abordando-os com extrema naturalidade, como condição lógica e necessária a uma administração eficiente, e justificando-se com um discurso reificador e determinista sobre o *outro*, atribuindo-lhe a responsabilidade por sua posição desvantajosa na sociedade. O discurso de Paulo Honório encarna as ideias capitalistas tal qual elas se apresentam na realidade brasileira da época: ele representa a integração dos valores arcaicos, patronais, das relações de semisservidão, com os valores progressistas do capitalismo.

Carlos Nelson Coutinho (1996, p.110) avalia que o contexto socioeconômico retratado no romance é de uma sociedade semicolonial em crise, pré-capitalista e não democrática, em que a burguesia nascente se aliou às antigas classes dominantes, assentadas numa economia retrógrada e, juntas, mantiveram o povo afastado de qualquer participação nas decisões políticas. Segundo o crítico (ibidem, p.111), a penetração do capitalismo no Brasil, ao mesmo tempo em que se apresenta como uma possibilidade de renovação e de progresso, representa um estímulo à perpetuação de uma velha sociedade estagnada.

O conteúdo da primeira parte de *São Bernardo* mostra a luta de Paulo Honório contra o *status quo*, numa ambiciosa busca de ascensão social. Sua inquietação faz que ele supere as fronteiras rígidas da sociedade de classes, favorecido pela ainda tímida oportunidade de mobilidade social que o capitalismo nascente permite e pela sua ousadia para burlar as convenções e agir de maneira ilícita em determinadas situações. Nesse processo, em que o personagem é tomado pelo egoísmo e tenta por todos os meios oprimir os outros, as relações humanas deterioram-se. O próprio estilo narrativo reforça essa desumanização, por meio da linguagem direta, seca e prática empregada por Paulo Honório, que evita a adjetivação supérflua – considerando o fato de que a narração se confunde com a escritura do livro do personagem e que este, em sua decisão de "como" escrevê-lo, assume transferir sua personalidade pragmática para o procedimento que adota. Nessa fase de conquistas, a posição ético-cognitiva do narrador-personagem é dogmática em face da realidade: seu discurso monologizado acerca-se de todos os meios para se manter incontestável, ou, simplesmente, não é posto em discussão.

Madalena é a personagem que vem para desestruturar a hegemonia do modo frio e objetivo de Paulo Honório encarar a realidade e de conduzir sua relação com os homens. Como sujeito autônomo, ela se manifesta contra a alienação que encontra no território dominado pelo marido, não aceitando o compromisso de adequar-se a um mundo que considera corrompido e vazio de sentido. Ela é o oposto radical de Paulo Honório: sua participação ativa e solidária na comunidade e seu posicionamento sempre em favor do bem comum e da igualdade de direitos revelam sua visão de mundo democrático-humanista, que alude à simpatia pelo socialismo, desvelando os valores que ainda estavam implícitos no romance.

Paulo Honório se caracteriza como o tipo de personagem "problemático" do gênero romanesco, segundo a definição de Lukács, marcado pela impossibilidade de conciliação entre a sua interioridade e o mundo, que busca valores autênticos num universo alienado: "O estado de herói tornou-se desta forma polêmico e problemático; já não constitui a forma natural da existência na esfera das essências, mas um esforço para se elevar acima do que é puramente humano, massa ou instintos" (Lukács, s. d., p.46).

Desde o início da história que relata Paulo Honório encarna o papel de herói problemático, demonstrando-se dominado por uma inquietação em relação às estruturas sociais arcaicas e engessadas que o condenariam a uma posição à margem da sociedade, dada a sua origem. Esse inconformismo, reconhecido no seu "fito na vida", em sua busca para obter e conservar São Bernardo, alimenta no personagem uma força interior que o leva a superar as limitações de sua classe. Paulo Honório, portanto, tendo uma compreensão exata do funcionamento das relações de poder no meio em que vive, inicialmente se destaca dos outros personagens por não se acomodar à condição de trabalhador explorado e se esforçar para invertê-la, ocupando, com aptidão, a posição de explorador. Como proprietário rural, ele se diferencia, ainda, dos outros fazendeiros da região, também acomodados, devido ao seu espírito inovador, não admitindo manter nenhum pedaço de suas terras ocioso e preocupando-se em modernizar as técnicas e as condições de trabalho para diminuir os custos e aumentar a produtividade.

Desse modo, em meio à resignação e inércia que domina todas as escalas da sociedade constituída nessa região do sertão nordestino, Paulo Honório se apresenta como um herói solitário que luta, de maneira individual, contra a alienação e a ultrapassa. Entretanto, essa vitória vem acompanhada por uma conversão final do personagem – decorrente da morte da esposa – que tem revelado o caráter degradado de sua superação e, por consequência, não usufrui plenamente, com a satisfação que era esperada, das vantagens que ela proporciona: "Lukács pensa, todavia, que precisamente na medida em que o romance é a criação imaginária de um universo regido pela degradação universal, essa superação não poderia deixar de ser, ela própria, degradada, abstrata, conceptual e não vivida como realidade concreta" (Goldmann, p.13, 1976).

Cumprindo a trajetória de herói problemático, fadada ao fracasso pela conscientização da inautenticidade dos valores idealizados, Paulo Honório não se mobiliza para tentar alterar a constituição do seu caráter, deformado pelo modo de pensar reificado, pois percebe a natureza degradada não só da sua busca anterior, mas também de qualquer esperança numa busca futura.

Analisando os romances de Graciliano Ramos a partir de uma perspectiva sociológica, Carlos Nelson Coutinho (1996) vê em Paulo Honório uma condição peculiar de herói problemático e "elemento do mundo convencional", simultaneamente. Essa característica é, segundo ele, decorrente do, já aqui mencionado, caráter duplo da burguesia e do capitalismo em formação no Brasil, que representavam um papel progressista, criando condições para o surgimento do inconformismo, mas ainda conciliavam com as forças que mantinham o atraso secular da economia do país, impossibilitando as chances de mudanças reais. Para Lukács, é justamente essa relação contraditória de disjunção e identidade com o mundo convencional – relação que não permite o sucesso das buscas, as transformações – o fator necessário para o surgimento de todo tipo de indivíduo problemático no romance, como se observa nas palavras de Lucien Goldmann (1976, p.9):

> Sendo o romance um gênero épico caracterizado, contrariamente à epopeia, pela ruptura insuperável entre o herói e o mundo, encontra-se em Lukács uma análise da natureza de duas degradações (a do herói e a do mundo) que devem engendrar, simultaneamente, uma *oposição* constitutiva, fundamento dessa ruptura insuperável, e uma *comunidade* suficiente para permitir a existência de uma forma épica.

Coutinho (1996, p.123) aponta também Madalena como personagem problemática, na medida em que ela "se opõe radicalmente ao mundo alienado, buscando uma verdadeira realização humana, na fraternidade e na solidariedade com os seus semelhantes". Do mesmo modo que Paulo Honório, ela aparece como indivíduo à frente do seu tempo, que antecipa valores ainda não assimilados pela sociedade em que vive (embora os seus valores se oponham aos do marido) e não alcança uma realização pessoal. Diferente de Padilha e os outros, que aguardam a chegada do socialismo pacientes, ela não tolera ter de se adaptar ao mundo convencional individualista, e tenta, numa luta solitária, colocar suas aspirações em prática. Contudo, suas ideias humanitárias, que se aproximam do socialismo, não passam de idealismo abstrato e esbarram na realidade que impede as possibilidades consistentes de sua realização.

Paulo Honório e Madalena são personagens que vivenciam a frustração da perda da ilusão por possuírem uma consciência, embora diferenciada em relação aos outros personagens, estreita em relação à complexidade do mundo. Ele é iludido por acreditar que seu modo de vida egoísta, limitado ao objetivo de apropriação material, basta-lhe, e Madalena ilude-se com o desejo de conciliar o ideal de solidariedade humana com sua existência solitária num universo corrompido. Ambos são a expressão extrema de seus princípios ideológicos, pois portam em seus discursos toda a potencialidade contida em cada uma das forças sociais contrárias que representam e, em consequência disso, o inevitável choque entre elas acentua a interdiscursividade, o caráter dialógico do romance. O ideal humanista de Madalena é trazido à luz e entra em confronto dialógico com o discurso capitalista de Paulo Honório, que reage violentamente contra a ameaça que essas aspirações inovadoras da esposa representam. A tentativa do protagonista de sustentar a todo custo o seu discurso de dominação, por si só, já compromete a autenticidade desse mesmo discurso, que começa a modificar-se, a mostrar-se influenciado pela presença do *outro*, apontando para o início de uma crise de Paulo Honório com os seus valores sociais.

No período de convivência com Madalena, quando o ciúme, decorrente da impossibilidade de posse, abala a segurança do narrador e o leva a um estado de dúvida em relação a tudo, começam a instalar-se em seu discurso elementos de subjetividade, junto com os primeiros sinais de propensão para um monólogo interior, em forma de um autodiálogo, que vão dominar definitivamente a narração, no final, quando se chega à representação do presente da enunciação. Na atitude de autodefesa contra o discurso de Madalena, Paulo Honório desenvolve o sentimento de ciúme como argumento para suprimi-la, para calar a voz que chama a atenção para o socialismo. Entretanto, as tentativas de domínio sobre as ideias da esposa, de submetê-la ao controle do seu discurso, levam-no a um estado de degradação e de carência, pois Madalena, dilacerada entre uma realidade que percebe alienada e o seu ideal utópico de fraternidade e justiça, suicida-se, num ato de recusa à inautenticidade das convenções.

O efeito das ações de Paulo Honório é inesperado, uma vez que o seu intuito não consistia em eliminar a mulher, como havia feito com os outros que, de alguma maneira, representavam empecilho às suas metas, pois ele já havia desenvolvido com ela uma relação peculiar de negação e necessidade, simultaneamente: ao mesmo tempo em que não admitia a opinião de Madalena, já não podia mais passar sem ela. Seu discurso, a princípio convicto, já estava irreversivelmente minado pelo ponto de vista do *outro* (a esposa). Seu propósito se restringia a enquadrá-la no seu estilo de vida, mantendo-a submissa ao seu lado, pois constituía com ela uma relação passional, não desprovida de sentimento afetivo. Prova disso, e de seu desejo de conciliação com a mulher, embora sem abrir mão de sua posição dominante, está no diálogo entre os dois, na capela, em que Madalena prenuncia a possibilidade de sua morte: "– Se eu morrer de repente..." (Ramos [1934] 2001, p.164). Paulo Honório se mostra extremamente incomodado com tal hipótese e, de imediato, deixa de lado suas palavras acusatórias, procurando desfazer o pensamento funesto da esposa, tentando iludi-la e iludir a si mesmo com falsas esperanças, ao propor-lhe planos de um futuro harmonioso e agradável, numa tentativa de rompimento momentâneo com a situação infernal e destrutiva que ele próprio construíra:

> – Que conversa sem jeito!
> [...]
> – Depois da safra. Deixo seu Ribeiro tomando conta da fazenda. Vamos à Bahia. Ou ao Rio. O Rio é melhor. Passamos uns meses descansando, você cura a macacoa do estômago, engorda e se distrai. É bom a gente arejar. A vida inteira neste buraco, trabalhando como um negro! E damos um salto a São Paulo. Valeu? (ibidem, p.165)

Na ocasião da morte de Madalena, Paulo Honório ainda expõe todo o seu sincero desespero, solicitando, inesperadamente, uma intervenção divina, na esperança de reanimá-la, ao recorrer insistentemente à expressão "– A Deus nada é impossível" (ibidem, p.168), que destoa do seu discurso usual, calcado no mundo da experiência e desprovido de qualquer apego ao plano espiritual.

O suicídio de Madalena caracteriza-se como uma peripécia na narrativa, ou seja, os acontecimentos tomam um rumo diferente do que era esperado pelo protagonista. Aristóteles (1951, p.85) define a peripécia como "a súbita mutação dos sucessos, no contrário", isto é, a passagem de um estado de felicidade para um estado de infelicidade, ou vice-versa. De acordo com esse conceito, a atitude de Paulo Honório de tentar dominar Madalena provoca um resultado oposto, produz a impossibilidade definitiva de poder sobre a vida dela. Com o suicídio, como resultado trágico da opressão derivada da crença de Paulo Honório em certos valores caracteristicamente capitalistas e no poder como meio de satisfação, Madalena afirma o controle sobre o seu próprio destino e sela a sua insujeição a tais valores.

A tragédia que se constitui com essa peripécia no plano da história tem origem na reificação da vida de Paulo Honório, instituída pelo seu desejo veemente de posse de São Bernardo. Ela é inconscientemente motivada pelo fazendeiro, residindo na inevitabilidade das consequências dos seus atos: seu agente precipitador é a psicologia mesquinha e o ânimo soberbo e possessivo do personagem, que lhe acarretam uma queda moralmente inteligível. O desfecho trágico funciona como uma tomada de consciência para Paulo Honório, pois o faz enxergar a inutilidade dos esforços e privações que orientaram sua vida e adquirir noção do seu fracasso humano; o faz despertar para a realidade e sentir a deformação dos seus valores. Frye (1973, p.209), ao discorrer sobre a tragédia como responsabilidade moral, em oposição à tragédia como fruto do acaso, do destino arbitrário, faz o seguinte esclarecimento:

> O descobrimento ou *anagnórisis* que vem com o fim do enredo trágico não é simplesmente o conhecimento, pelo herói, do que lhe acontece [...]

mas a recognição da forma determinada de vida que criou para si mesmo, como uma implícita comparação com a vida potencial aniquilada a que renunciou.

Paulo Honório, no presente angustiante e solitário, pensa em como sua vida poderia ter sido mais tranquila se tivesse procedido de maneira diferente desde o início, se não tivesse ambicionado elevar-se acima da sua classe de origem a qualquer custo e ficasse resignado a uma vida mais simples e sem riscos, pois poupar-se-ia da queda, do sentimento de frustração que o seu inconformismo ocasionou:

> Julgo que me desnorteei numa errada.
> Se houvesse continuado a arear o tacho de cobre da velha Margarida, eu e ela teríamos uma existência quieta. Falaríamos pouco, pensaríamos pouco, e à noite, na esteira, depois do café com rapadura, rezaríamos rezas africanas, na graça de Deus. (Ramos [1934] 2001, p.187)

Qualquer vitória sobre o mundo material aparece-lhe, então, como uma derrota e seu discurso progressista e megalomaníaco é substituído pela apologia a uma vida pacífica, baseada na alienação, condição que ele, antes, tanto desprezara nos outros e da qual se beneficiara para exercer o seu poderio. A mudança, a reviravolta no nível da diegese, com a tragédia que acomete a vida de Paulo Honório, como o desfecho de uma intensa luta entre ideologias sociais opostas, leva a uma reestruturação também no nível da narração. O dialogismo, conforme constata Bakhtin (1988), provoca um "aclaramento" mútuo das línguas, ou seja, uma linguagem, em oposição à outra distinta, age com a função de evidenciar reciprocamente as características e intenções que cada uma comporta. Em *Estética da criação verbal* ele retoma essa ideia, explicando-a do seguinte modo: "Eu tomo consciência de mim e me torno eu mesmo unicamente me revelando para o outro, através do outro e com o auxílio do outro. Os atos mais importantes, que constituem a autoconsciência, são determinados pela relação com outra consciência". (Bakhtin, 2003, p.341).

Paulo Honório tem o reconhecimento do conteúdo de seu próprio discurso a partir do discurso do *outro*, o reconhecimento de sua própria visão de mundo na visão de mundo de Madalena. No contato dialógico com ela, introduz-se, primeiramente, o momento de desconfiança e conflito, pelo medo da ameaça à legitimidade do mundo que ele edificou. Depois, com a perda da esposa, instala-se o momento de culpa para o protagonista. Ele é levado a um autojulgamento moral, o que jamais seria cogitado em sua caracterização inicial – aparentemente pouco complexa, sem ambiguidades ou contradições profundas – e adquire consciência de si mesmo: "Madalena entrou aqui cheia de bons sentimentos e bons propósitos. Os sentimentos e os propósitos esbarraram com a minha brutalidade e o meu egoísmo" (Ramos, [1934] 2001, p.190)

Somente a descoberta da palavra libertadora de Madalena, após um desgastante embate com ela, permite que Paulo Honório perceba o círculo nocivo da reificação ao qual se encontra preso, embora, ainda assim, não consiga superá-lo completamente. Com o aclaramento de suas ideias, ou a *anagnórisis*, ele perde a sua integridade monológica ingênua, pois seu discurso desagrega-se, assim como se desintegram as suas próprias verdades no universo histórico-social da sua atualidade.

A autorrevelação realiza uma descoisificação em Paulo Honório que, ao fim, passa a demonstrar, em seu discurso, sinais de comiseração pelo próximo e de admissão do seu próprio papel de agente causador da situação degradante e da falta de consciência dos seus empregados, apesar de não entrever possibilidades de mudança da situação: "Bichos. As criaturas que me serviram durante anos eram bichos. Havia bichos domésticos, como o Padilha, bichos do mato, como Casimiro, e muitos bichos para o serviço do campo, bois mansos [...]" (ibidem, p.185).

Nota-se que a animalização da imagem dos outros personagens empregada em seu discurso, nesse momento, sofre uma ressignificação. Antes, o tom era depreciativo, a finalidade era desvalorizá-los perante o narratário como forma de justificar sua conduta de dominação. Agora, o discurso animalizador de Paulo Honório assume caráter de culpabilidade, de apontamento da condição dos empregados como vítimas de sua exploração, de reconhecimento da alienação deles como responsabilidade sua.

Nesse momento de reconhecimento da culpa, que ocorre quando o presente da enunciação volta a ser representado, no final do livro, Paulo Honório apresenta-se paralisado pela falta de sentido que adquiriu sua vida. A narrativa, antes fluente e brusca, caracterizada pelo acúmulo de ações que se sucedem rapidamente, sem pausas do personagem para avaliá-las em profundidade, recebe um caráter de reflexão retrospectiva em forma de lamentação, num ritmo mais lento do desenvolvimento dos fatos.

A relação de Paulo Honório com as ideias de Madalena, que antes era opositiva, agora é de coexistência pacífica, resignada. Em vida, a professora já começa a se assenhorear aos poucos da voz do fazendeiro, gerando nele o início de uma evolução psicológica, com a tensão que se estabelece entre seus discursos, para, ao fim, levá-lo ao autoconhecimento e à aceitação de uma outra ideologia. A morte de Madalena não elimina a presença de sua perspectiva. Ao contrário, o seu discurso ideológico torna-se definitivamente interiorizado por Paulo Honório. Mesmo após morrer, ela acaba conseguindo dele a palavra que queria ouvir, pois, no presente solitário, em meio à sua confusão de pensamentos, o narrador-personagem retoma o discurso filantrópico, preocupado, anteriormente pronunciado pela esposa: "[...] As casas dos moradores eram úmidas e frias. A família de mestre Caetano vivia num aperto que fazia dó. E o pobre do Marciano tão esbodegado, tão escavacado, tão por baixo!" (ibidem, p.180). Assim, tematizando a sua instabilidade, em seu discurso dialógico, ele mostra que só assimilou o sentido dos enunciados de Madalena muito tempo depois, com a dolorosa ausência dela, quando adquiriu a experiência necessária.

A morte de Madalena acarreta não apenas o reconhecimento do seu discurso ideológico por parte de Paulo Honório, mas também desmascara a falsidade de sentido dos preceitos defendidos por ele. O personagem cai num profundo conflito existencial e é levado a refletir sobre os legítimos valores de sua existência, indagando-se se o objetivo almejado durante toda a sua vida não foi equivocado, a causa de sua ruína, no lugar de realização. Desse momento em diante, vemos a inversão de atitude do personagem, a sua tendência à passividade, a sua propensão para se esquivar das lutas exteriores, com as quais antes se comprometia para acabar com tudo o que poderia afetá-lo. A notícia de que os fazendeiros vizinhos estavam dispostos a rever a demarcação dos limites de São Bernardo, por exemplo, não abala o personagem que, anteriormente, como é mostrado nos capítulos iniciais, enfrentava esse tipo de problema como questão de vida ou morte: "Encolhi os ombros, desanimado. João Nogueira desanimou também. Paciência!" (ibidem, p.180). Paulo Honório não se interessa mais pelo que acontece no mundo à sua volta e, quando recebe informações, indiretamente, prefere não se manifestar e não agir, como um espectador distante e apático, recluso na solidão de sua fazenda. Seu discurso revela a total ausência de contato com a realidade, que se estabelece somente por meio de intermediários: "Os amigos e os jornais traziam-me a revolução" (ibidem, p.177). Até os fatos mais decisivos, que o atingiam diretamente, são recebidos com conformismo. As consequências negativas que a revolução começa a trazer-lhe são aceitas sem a mínima indignação: "Lamentava-me, sem dúvida, que o meu partido tivesse ido abaixo com um sopro. Que remédio! [...] – É comer agora da banda podre e calado" (ibidem, p.177).

Uma amostra da despreocupação de Paulo Honório com os prejuízos que as transformações político-sociais lhe causam está na observação que faz em relação à situação jocosa do padre, que se aliara às tropas revolucionárias. Enquanto Nogueira e Gondim, os menos atingidos pelas mudanças, discutem a situação seriamente, ele concentra sua curiosidade nesse detalhe insignificante, identificando um elemento cômico em meio a um cenário que seria motivo de desespero: "– Só queria ver padre Silvestre fardado de tenente" (ibidem, p.178). Paulo Honório ouve a conversa dos dois amigos como se estivesse de fora, intercalando com ela a narração de seus pensamentos, que remontam ao passado com Madalena, demonstrando total indiferença com o presente que, apesar de toda turbulência, se lhe apresenta entediante.

A chegada de uma revolução, como pano de fundo da história, logo após a morte de Madalena, parece ser um mote inserido no texto para ressaltar, por contraste, o estado de imobilidade em que o personagem se encontra. Contra a transformação radical da estrutura política, econômica e social que o movimento revolucionário pressupõe, Paulo Honório – num momento em que se esperava haver uma maior preocupação e imposição de autoridade – não demonstra reação, deixando que a crise atinja sua fazenda e seus negócios, não se importando com o abandono que sofre por parte de vários de seus trabalhadores para integrarem o exército revolucionário.

Paulo Honório, que antes se mostrava orgulhoso em relação ao seu esmero, à organização e eficácia de sua administração, ao seu talento para ultrapassar com agilidade os obstáculos que surgiam e à sua capacidade transformadora – de acordo com os padrões do modo de produção capitalista –, também já não se importa com o cuidado de sua fazenda, pois, para ele, agora, todo o esforço para progredir mostra-se inútil. Tal desânimo é agravado, ainda, pela crise econômica desencadeada pela revolução, contra a qual também não procura resistir e buscar saídas:

> Sol, chuva, noites de insônia, cálculos, combinações, violências, perigos – e nem sequer me resta a ilusão de ter realizado coisa proveitosa. O jardim, a horta, o pomar – abandonados; os marrecos-de-pequim – mortos; o algodão, a mamona – secando. E as cercas dos vizinhos, inimigos ferozes, avançam. (ibidem, p.185)

O trabalho e a defesa do seu patrimônio deixam de ter qualquer significado para Paulo Honório quando ele toma discernimento dos aspectos negativos das estruturas da vida social. Após a busca desenfreada pela realização material, a descoberta de sua insatisfação diante da realidade alienada torna o mundo exterior destituído de qualquer sentido para ele. A elevação da interioridade do personagem demanda a renúncia a qualquer tipo de luta para se realizar fora dela, pois essa luta passa a ser, antecipadamente, considerada por ele como sem saída e destinada ao fracasso:

> Está visto que, cessando esta crise, a propriedade se poderia reconstituir e voltar a ser o que era. A gente do eito se esfalfaria de sol a sol, alimentada com farinha de mandioca e barbatanas de bacalhau; caminhões

rodariam novamente, conduzindo mercadorias para a estrada de ferro; a fazenda se encheria outra vez de movimento e de rumor. Mas para quê? Para quê? não me dirão? Nesse movimento e nesse rumor haveria muito choro e haveria muita praga. [...] (ibidem, p.185)

Paulo Honório começa, ao modo de um personagem épico, com uma determinação agressiva, motivado pela ilusão de sua onipotência. O conteúdo da primeira parte do romance é caracterizado pela luta desse herói inconformado contra um mundo acomodado. Contudo, após vencer ininterruptamente, a tragédia que o abate força-o a considerar inautêntico tudo o que conquistou. Depois de olhar para dentro de si e compreender resignado a nulidade de sua busca, Paulo Honório, ironicamente, não quer mais ser um agente transformador. Após a experiência de uma superação frustrada, desenvolve um sentimento de aversão pelo mundo da ação e do movimento (seja o pequeno mundo criado por ele, restrito à área da fazenda, ou o mundo que se estende para além dos limites dela) e volta-se para o universo interior das memórias: "O mundo que me cercava ia-se tornando um horrível estrupício. E o outro, o grande, era uma balbúrdia, uma confusão dos demônios, estrupício muito maior" (ibidem, p.177)

No presente da enunciação, a preferência por ambientes escuros – "Maria das Dores entra e vai abrir o comutador. Detenho-a: não quero luz" (ibidem, p.101) –, fechados e silenciosos – "As janelas estão fechadas. Meia-noite. Nenhum rumor na casa deserta" (ibidem, p.188) – é a expressão espacial da interiorização dos sentimentos do protagonista. Na sala de jantar escura, Paulo Honório sente-se à vontade para exercer sua capacidade de rememorar o passado, às vezes torturando-se com a imaginação de ouvir a voz de Madalena e dos antigos moradores que se foram; outras vezes, escrevendo, apenas à luz de velas, único ofício que agora dá sentido à sua existência. Usando a classificação de Alfredo Bosi (2004, p.392), podemos dizer que *São Bernardo* encaminha-se aos poucos para o tipo de "romance de tensão interiorizada", em que o herói não se dispõe a enfrentar a antinomia eu/mundo pela ação, pois Paulo Honório passa a subjetivar seus conflitos, terminando por viver fechado no seu espaço físico e no seu mundo espiritual. As lembranças do passado, os devaneios, o fechamento e o próprio ato de escrever sua história explicam-se no desejo de fuga do presente e da realidade. O desfecho do romance apresenta um caráter irônico, dada a inadequação mostrada entre a interioridade desenvolvida do personagem e o mundo convencional, que o leva a repensar os valores deste último, antes exaltados em seu discurso: "Quanto às vantagens restantes – casas, terras, móveis, semoventes, consideração de políticos, etc. – é preciso convir em que tudo está fora de mim" (Ramos, [1934] 2001, p.186). Paulo Honório percebe a inutilidade de sua vida, orientada sempre exclusivamente para problemas exteriores, enquanto os de ordem interior não recebiam o devido cuidado. A crença na ideia de uma existência autossuficiente, de que a vida solitária em seu pequeno mundo de proprietário proporcionar-lhe-ia uma realização humana, revela-se não passar de ilusão. Sua ideologia favorável a uma sociedade individualista, fundamentada na disputa contra todos pelo lucro e pelo poder, destrói nele a capacidade de desenvolver a solidariedade e o condena ao isolamento em pensamentos amargurados de uma possibilidade de vida a qual renunciou.

A perspectiva irônica da tragédia de Paulo Honório reside no fato de que ele, de agressor da sociedade, torna-se vítima, porque aderiu cegamente aos preceitos do sistema de dominação. A partir da tragédia, o personagem se reconhece devorado pela estrutura social a que se aliou. Ele apreende o lado negativo do capitalismo, ao pagar o preço pela ascensão social conquistada a partir da exploração do *outro*, que é a perda da sua condição humana: "a realidade imediata de uma sociedade capitalista é a total mutilação do indivíduo, sua transformação em 'coisa', em joguete de um determinismo fatalista" (Coutinho, 1996, p.114).

Consumido pelo sentimento de frustração, Paulo Honório atribui a deformação do seu caráter às influências externas, principalmente ao ofício a que dedicou sua vida: "Creio que nem sempre fui egoísta e brutal. A profissão é que me deu qualidades tão ruins" (Ramos [1934] 2001, p.190). No entanto, mesmo manifestando sua insatisfação por ter se comprometido com a ordem social vigente, ele não vê a possibilidade de uma mudança futura, confessando não conseguir superar a estrutura burguesa-patriarcal à qual está aprisionado: "Não consigo modificar-me, é o que mais me aflige" (ibidem, p.188).

A contradição mantém-se não resolvida plenamente na consciência de Paulo Honório, devido à tensão dialógica presente no interior do seu próprio discurso, que, ao mesmo tempo em que afirma o modo de vida que equivocadamente escolheu como causa do revés sofrido, nega a capacidade de poder alterá-lo, ficando condenado a permanecer fechado no seu mundo individualista, ainda que degradante. A sua autoconsciência termina marcada pela falta de conclusão de seu caráter, pela transitoriedade de sua autodefinição, pois seu discurso se apresenta como um conflito profundo e inacabado com a palavra do *outro* enquanto ponto de vista personificado, um traço próprio dos personagens dos romances dialógicos de Dostoiévski, conforme verifica Bakhtin (2005, p.256): "Assim, pois, nas obras de Dostoiévski não há um discurso definitivo, concluído, determinante de uma vez por todas. Daí não haver tampouco uma imagem sólida do herói que responda à pergunta: 'quem ele é?'".

Segundo as proposições de Vianna Moog (1939), que trata da ironia na literatura focalizando a conjuntura histórica, ela se torna mais presente nas épocas de decadência política, religiosa, social e moral, quando o homem, perante o fracasso dos ideais, é tomado pelo desencanto da vida, caindo num relativismo que o impede de acreditar em qualquer valor absoluto. A ironia em *São Bernardo* fornece, por meio das reflexões do personagem, uma ilustração dos conflitos que permeiam a alma humana, relacionados ao convívio social. O romance, de modo irônico, expressa as consequências da modernidade, reproduzindo a dialética da realidade moderna com inesperados choques entre formações sociais e sistemas de consciência que antes não mantinham qualquer contato entre si. Representa os conflitos típicos de uma sociedade desorientada diante das novas contradições internas que o capitalismo traz consigo.

Na base dessa ironia, podemos perceber um pessimismo radical e uma consequente descrença numa possibilidade de melhora. O desdobramento que caracteriza o enredo, refletindo nas alterações do discurso, constitui a expressão artística dessa ironia, na qual o homem consegue o contrário do que espera. Inicialmente, os atos e o próprio discurso de Paulo Honório são planejados, dirigidos com uma determinada intenção, mas, ao fim, ele reconhece inútil qualquer programação de vida, pois percebe que as consequências não previstas podem ser decepcionantes:

> Bocejava. Cada bocejo de quebrar queixo. Vida estúpida! É certo que havia o pequeno, mas eu não gostava dele. Tão franzino, tão amarelo!
> – Se melhorar, entrego-lhe a serraria. Se crescer assim bambo, meto-o no estudo para doutor.
> Lá vinham os projetos.
> Diabo leve os projetos. (Ramos [1934] 2001, p.177)

Paulo Honório torna-se cético em relação a si mesmo e ao mundo, levado pelo sentimento de frustração decorrente do resultado negativo de sua trajetória de conquistas, ao notar que o ganho material não é a única coisa necessária, o essencial, para sua realização, como acreditava, quando saiu à sua busca. Ele se reconhece como símbolo de um sacrifício desnecessário e, então, passa a ver o fracasso como fim predeterminado para qualquer tentativa de alcançar uma meta. As situações vividas por ele, como o amor, a dúvida e a perda, tornam-se experiências que o modificam, em alguns aspectos, que o tornam ciente da sua real condição – e da condição dos que dele dependem – e, consequentemente, pessimista.

A ironia, pelo seu caráter dialógico, abarca a totalidade, porque leva diferentes pontos de vista a se confrontarem e reconhecerem-se mutuamente. No caso de Paulo Honório, ela o leva a considerar a estrutura social de várias perspectivas, o que o conduz à conciliação com o ponto de vista alheio: inicialmente, o discurso do personagem, centrado na acumulação individualista, fechado em sua perspectiva parcial da realidade, possui a falsa aparência de que nele está a única verdade essencial, negando o saber do *outro*. Após a dissolução desse discurso monologizado, o reconhecimento da ideia do *outro*, no entanto, não acentua a humanidade de Paulo Honório, conforme ele próprio confessa na recapitulação final: "Para ser franco, declaro que esses infelizes não me inspiram simpatia. Lastimo a situação em que se acham, reconheço ter contribuído para isso mas não vou além. Estamos tão separados! A princípio estávamos juntos, mas esta desgraçada profissão nos distanciou" (ibidem, p.190). O processo de desumanização que ele sofreu na luta pela posse da fazenda, baseado na ignorância dos valores essenciais, é irreversível, constituindo a sua derrota definitiva e a vitória da reificação.

São Bernardo apresenta um tipo de ironia em que, segundo descreve Muecke (1995, p.110), a imagem falsa que um personagem forma do mundo que ele habita conflita com o mundo real, ao qual ele tenta em vão impor uma unidade, ao interpretá-lo conforme suas próprias teorias e ideais, ou os de sua classe. De início, Paulo Honório assume em seu discurso uma oposição explícita ao pensamento socialista, ao ideal de vida igualitária, e mostra-se favorável aos princípios da exploração e competição como forma de alcançar poder, objetivo no qual acredita consistir a sua realização. Ao ser vítima de uma peripécia no processo irônico da narrativa, reconhece que sofreu o mesmo processo de alienação a que submeteu os outros personagens, o que o tornou embrutecido e incapaz de perceber, de imediato, as virtudes e boas intenções de Madalena e de colocar em prática as aspirações contidas no discurso dela, após a sua morte.

A partir da morte trágica de Madalena, Paulo Honório, por reconhecer o caráter ilusório de sua busca e a inconsistência do seu discurso em defesa da propriedade privada como prioridade, sente o desejo de retornar ao estado primitivo de alienação. Esse caráter irônico da tragédia permite que o conteúdo do romance levante uma polêmica sobre o modo de vida inspirado no desejo de acúmulo capitalista: o personagem-narrador parece enaltecê-lo em quase todo o romance, para, ao fim, no presente da enunciação, colocá-lo em discussão.

Desse modo, o romance, mesmo explorando, principalmente na sua instância monologizada, os aspectos positivos do capitalismo, desvela, na instância em que o dialogismo se faz mais evidente, o caráter contraditório e autolimitador desse sistema, a sua incapacidade de suprir o problema da solidão, o isolamento e a privação de afeto que ele pode ocasionar. O desfecho resultante das circunstâncias de opressão, motivadas por Paulo Honório, mostra que pode terminar frustrado o indivíduo que se apegar à crença nos valores ideológicos baseados na acumulação individualista.

A história da busca desesperada de Paulo Honório, com sua superação malograda, constitui uma análise do tema da alienação capitalista, que impõe obstáculos às melhores aspirações do homem e o condena à impotência, ao mesmo tempo em que põe em questão a viabilidade do ideal de uma sociedade comunitária, com o fracasso também de Madalena em suas buscas. Por meio da ironia trágica, o romance descortina o processo de reificação do indivíduo na sociedade de classes e sua redução aos limites de sua vida privada e mesquinha.

A ironia, em *São Bernardo*, permite que essa crítica social seja realizada numa configuração literária capaz de despertar a reflexão no leitor, no lugar de simplesmente ser expressa de maneira categórica, indignada e panfletária, o que produziria uma menor eficácia. Os aspectos negativos do capitalismo não se tornam evidentes repentinamente. Os elementos que afirmam e sustentam o discurso capitalista, de modo veemente ou implícito, na maior parte do romance, posteriormente são colocados em dúvida pela ironia. Os conteúdos investidos no discurso do poder ganham um determinado valor na versão de uma narração monologizada e outro na de um narrador "conscientizado" pelo conflito dialógico que experimenta.

A categoria de base com que opera o autor é – respeitadas as devidas particularidades da realidade regional e do período histórico – a oposição capitalismo *vs.* socialismo. Inicialmente, um desses elementos de base podemos considerar eufórico (capitalismo) e o outro disfórico (socialismo). No final, com a peripécia que muda a vida do personagem, altera-se também o discurso do narrador e verifica-se que o capitalismo tem o seu lado disfórico acentuado, enquanto o socialismo é ressaltado em suas características positivas.

Trabalha-se, no nível do discurso, com o sentido da asserção e da recusa da defesa irrestrita da propriedade privada, num movimento que faz a narração parecer, num último instante, negar a si própria. O discurso de Paulo Honório volta-se contra si mesmo, pondo em questão a validade da conduta do personagem, ao apresentar, por meio da ironia, a inversão da verdade dada pela visão oficial do mundo que estimula a competição desumana. A princípio, o narrador simula um discurso que não representa a formação ideológica ligada ao humanismo social e à defesa da integridade humana contra a alienação do indivíduo: a ideia inicial aparente em *São Bernardo*, proposta pelo discurso monologizado de Paulo Honório, entra em conflito com o discurso de Madalena e é tratada dialogicamente para, só então, tornar possível a consideração do seu contrário, com o aclaramento recíproco das duas linguagens.

Considerações finais

Em *São Bernardo*, a tragédia que se caracteriza com a situação narrativa do suicídio da personagem Madalena é responsável por uma modificação no modo de ser e de pensar do narrador-protagonista. Tal adversidade opera a transfiguração do espírito dinâmico e transformador de Paulo Honório em imobilidade, ao ser tomado pelo sentimento de culpa, decorrente do reconhecimento dos seus erros. No entanto, essa mudança tem início antes, desde o aparecimento de Madalena, chegando ao seu ponto culminante com a morte dela, quando Paulo Honório, vencido e resignado, deixa de lutar e aceita as ideias humanitárias da esposa. Convém lembrar, porém, que, no romance de Graciliano Ramos, a situação inicial da diegese, do que se passou, não coincide com a situação inicial da narração, do modo pelo qual o leitor toma conhecimento dos fatos. Paulo Honório conta os episódios que se sucederam num tempo anterior ao qual inicia e termina o livro, mas busca adequar o estilo da narração à sua condição psicológica do passado, com todas as alterações nela contidas, como tentativa de neutralizar essa distância temporal.

Nos momentos iniciais da diegese praticamente não há conflito de pensamento entre os personagens. A luta que se trava entre eles está ligada a um objetivo comum, o ganho material, como é o caso do confronto de Paulo Honório com Padilha para obter a fazenda e, depois, com Mendonça para conservá-la. Nessas ocasiões, Paulo Honório apresenta-se sempre em posição privilegiada, vencendo as disputas com o emprego do seu autoritarismo e de estratégias de persuasão maliciosa no diálogo com os outros personagens. Ele também aplica esses recursos em seu discurso narrativo, como tentativa de tornar patente ao narratário a validade de suas buscas e justificar os meios usados para empreendê-las.

O romance mostra, no início da diegese, Paulo Honório em pleno controle sobre o seu discurso, manipulando os demais personagens e, de modo sentencioso, dissipando qualquer tentativa de manifestação contrária. Nesse plano, que consideramos monologizado, todas as vozes passam pelo filtro tendencioso da consciência única desse narrador-personagem que, isento de interferências, demonstra total independência em relação ao juízo dos outros. Entretanto, seu discurso, que influencia e rebaixa a todos, perde seu valor absoluto com a chegada de Madalena, e a influência da palavra do *outro* torna-se decisiva na sua construção.

A debilitação do contexto monologizado de *São Bernardo* ocorre com a convergência de duas enunciações de mesmo peso, em contradição e diretamente orientadas para o mesmo objeto, cruzando-se dialogicamente. Paulo Honório passa a discutir com Madalena – que possui opiniões sólidas e divergentes às suas em relação à organização social –, primeiro em discurso direto, em diálogos abertamente expressos. Depois ele discute consigo mesmo como se discutisse com Madalena ou com os outros: a polêmica com a mulher passa a desenvolver-se nos limites da sua consciência, em forma de um autodiálogo. O conflito se interioriza no personagem e passa a integrar o seu discurso: a palavra do *outro* entra de maneira paulatina na sua consciência e se apossa dela, dando lugar a uma instância dialógica, na qual sente-se a decomposição do estilo fluente e equilibrado, que já não corresponde ao mundo caótico e instável do novo espírito atormentado de Paulo Honório.

Quando o dialogismo é explícito em *São Bernardo*, não é apenas o narrador-protagonista que atua na produção do discurso, mas também aquele a quem sua fala é dirigida tem papel ativo. Há, inicialmente, apenas a voz plena de valor de Paulo Honório, ao passo que, com o surgimento de Madalena na história, ocorre uma interação de vozes que possuem validade própria. A convicção do personagem transforma-se em um posicionamento entre outros: aquilo que, no romance, era o todo definitivo – o pensamento capitalista e desumano do proprietário rural – torna-se parte, elemento do todo; aquilo que era toda a realidade torna-se apenas um aspecto dela.

As transformações ocorridas no plano da diegese estendem-se ou refletem no modo discursivo: à perda do domínio sobre o mundo criado por Paulo Honório, fechado nos limites de sua fazenda, corresponde a perda do seu controle sobre o discurso narrativo, pois ambas ocorrem simultaneamente. Se a capacidade de controlar o discurso narrativo estava ligada, inicialmente, à capacidade de ação e domínio, o momento de desestruturação do discurso, do surgimento do *outro*, retrata a impotência, a insegurança a que está reduzido o personagem, sua oscilação diante do mundo que já não pode controlar.

Em *São Bernardo*, o confronto de classes constitui a base de todas as relações e o romance representa artisticamente o choque entre mundos socioideológicos de uma época, expresso pelo conflito entre os discursos de Paulo Honório e Madalena. A tensão dialógica mimetiza o momento de penetração do capitalismo no Brasil no início do século XX, com suas características contraditórias. A realização do tema das relações sociais se dá em diferentes vozes, por meio da relação interiormente tensa de Paulo Honório com os outros. Os personagens entram no discurso desse narrador como símbolo de alguma diretriz de vida ou posição ideológica personificadas e a linguagem dele passa a ser apresentada, então, à luz de outra, apontando para o confronto instaurado entre violência *vs.* piedade, individualismo *vs.* caridade, arrogância *vs.* humildade. Essas oposições são representadas, respectivamente, por Paulo Honório, que carrega em si os valores da burguesia capitalista, e Madalena, que encarna as ideias socialistas e humanitárias, embora elas apareçam apenas como desejo utópico, sem encontrar na realidade representada possibilidades concretas de execução. Esse dialogismo presente no plano do conteúdo, como oposição de modelos sociais, estende-se e manifesta-se, consequentemente, na forma, como método estilístico dialógico, com a inserção da mundividência do *outro* na construção do discurso individual do personagem-narrador, caracterizando a perda de seu monopólio discursivo no romance.

Com a mudança na maneira como é conduzido o discurso de Paulo Honório, nota-se que o contexto a que chamamos monologizado, em que a tensão dialógica é camuflada, reflete, de modo mais intenso, a sua imagem de representante da tirania social. Na instância em que ele detém a posse total do discurso narrativo, a sua conduta competitiva e agressiva, de quem toma para si tudo que deseja, valendo-se dos privilegiados meios políticos, sociais, econômicos e judiciais que tem em mãos, identifica-o com típicos atores da elite rural nordestina. Seu traço peculiar está no fato de que, aos fundamentos modernos de produção capitalista, ele adapta a manutenção de relações de trabalho patriarcais e dominadoras. Já o dialogismo, quando tornado patente no romance, ajusta-se à representação de Paulo Honório em crise com os valores sociais, ao provocar uma fragmentação do eu: no processo de consumição pelo ciúme e pela dúvida, Paulo Honório altera a construção do seu discurso anterior, que perde a integridade e passa a basear-se na interação com o *outro*. Com o desfecho trágico dessa luta com o discurso ideológico alheio, ele tende a renegar o seu primeiro discurso, caracterizado pelo egoísmo, embora não consiga desvencilhar-se totalmente dele, e passa a perceber a vacuidade das realizações materiais, afirmando o caráter insuficiente delas.

Em concomitância com essa alteração na constituição do personagem principal, que deixa sua caracterização rígida e estática, baseada principalmente nas ações, para imergir no interior de seus pensamentos, o romance parece compor-se pela fusão de aspectos do naturalismo com a problematicidade do realismo psicológico. Na verdade, a narrativa ultrapassa o que pareceria, num primeiro momento, ser um romance de costumes ou de tese para explorar a fundo a situação de crise de Paulo Honório. Caso o personagem houvesse permanecido sob as determinações do meio e, assim, impossibilitado o aprofundamento de seus conflitos internos, estaria limitado à condição de simples caricatura de um coronel opressor. A introdução da perspectiva ideológica de Madalena, que deflagra a relação interdiscursiva na abordagem de questões sociais no romance, portanto, apresenta-se como elemento fundamental para essa evolução do protagonista; e a tragédia que o acomete, ao final, conclui a ampliação de sua percepção da realidade. Como instrumento metodológico, as formulações teóricas de Bakhtin, que estabelecem os princípios para a constituição do chamado dialogismo no romance, desempenharam papel de suma importância neste estudo do discurso do narrador-personagem de *São Bernardo*, em sua interação tensa com o mundo, que termina por acentuar-lhe a humanidade e conceder-lhe a capacidade de autorreflexão. A exploração do caráter dialógico e irônico da obra tornou possível estabelecer um retrato mais acabado das relações tensas produzidas na base do sistema capitalista primitivo do sertão brasileiro, enfatizando, sobretudo, a dimensão humana em que é representado esse quadro histórico-social.

REFERÊNCIAS BIBLIOGRÁFICAS

ADORNO, T. W. A posição do narrador no romance contemporâneo. In: _____.
Notas de literatura I. São Paulo: Duas Cidades, 2003.

ABDALA JUNIOR, B. *A escrita neo-realista:* análise sócio-estilística dos romances de Carlos de Oliveira e Graciliano Ramos. São Paulo: Ática, 1981.

_____. Ideologia e linguagem nos romances de Graciliano Ramos. In: GARBUGLIO, J. C. et al. (org.). *Graciliano Ramos*. São Paulo: Ática, 1987.

ARISTÓTELES. *Arte retórica e arte poética*. Trad. Antônio Pinto de Carvalho. São Paulo: Difel, 1964.

_____. *Poética*. trad. Eudoro de Souza. Lisboa: Guimarães & Cia, 1951.

ARRIGUCCI JR., D. *O escorpião encalacrado*: a poética da destruição em Julio Cortázar. São Paulo: Perspectiva, 1973.

BAKHTIN, M. *Questões de literatura e de estética*. Trad. A. F. Bernardini et al. São Paulo: UNESP/ Hucitec, 1988.

_____. *Problemas da poética de Dostoievski*. Trad. Paulo Bezerra. 3.ed. Rio de Janeiro: Forense Universitária, 2005.

_____. *Estética da criação verbal*. Trad. Paulo Bezerra. 4.ed. São Paulo: Martins Fontes, 2003.

_____. *Marxismo e filosofia da linguagem*: problemas fundamentais do método sociológico na ciência da linguagem. Trad. Michel Lahud e Yara Frateshi Vieira. São Paulo: Hucitec, 1979.

BARROS, D. L. P.; FIORIN, J. L. (org.). *Dialogismo, polifonia, intertextualidade:* em torno de Bakhtin. São Paulo: Edusp, 1999.

BARROS, D. L. P. *Teoria do discurso*: fundamentos semióticos. São Paulo: Atual, 1988.

BARTHES, R. *Crítica e verdade*. São Paulo: Perspectiva, 1970.

BAPTISTA, A. B. Primeira leitura: "São Bernardo", de Graciliano Ramos. In: _____. *O livro agreste:* ensaio de curso de literatura brasileira. Campinas: Editora da Unicamp, 2005.

_____. Autor ficcional e ficção do livro em "São Bernardo". In: *Colóquio Letras*, n. 129/130, jul.1993, p.159-82. Disponível em: <http://coloquio.gulbenkian. pt/bib/sirius.exe/issueContentDisplay?n=129&p=159&o=p.>. Acesso em: 27 nov. 2008.

BELLENGER, L. *A persuasão e suas técnicas*. Trad. Waltensir Dutra. Rio de Janeiro: Zahar, 1987.

BOOTH, W. C. *A retórica da ficção*. Lisboa: Arcádia, 1980.

BOSI, A. *História concisa da literatura brasileira*. São Paulo: Cultrix, 2004.

_____. *Céu, inferno*: ensaios de crítica literária e ideológica. São Paulo: Duas cidades; Editora 34, 2003.

BRAIT, B. *Bakhtin*: conceitos-chave. São Paulo: Contexto, 2005.

_____. *Bakhtin*: outros conceitos-chave. São Paulo: Contexto, 2006.

_____. *A personagem*. São Paulo: Ática, 1985.

_____. *Bakhtin, dialogismo e construção do sentido*. Campinas: Ed. Unicamp, 1997. (Repertórios)

_____. *Ironia em perspectiva polifônica*. Campinas: Ed. da Unicamp, 1996.

_____. As vozes bakhtinianas e o diálogo inconcluso. In: BARROS, D. L. P.; FIORIN, J. L. (org.) *Dialogismo, polifonia, intertextualidade:* em torno de Bakhtin. São Paulo: Edusp, 1999.

BRAYNER, S. A linguagem e o escritor. In: BRAYNER, S. (org.) *Graciliano Ramos*. Rio de Janeiro: Civilização Brasileira, 1978.

BREMOND, C. A lógica dos possíveis narrativos. In: BARTHES, R. *Análise estrutural da narrativa:* pesquisas semiológicas. Trad. Maria Zélia Barbosa Pinto. Petrópolis: Vozes, 1972.

CANDIDO, A. A Revolução de 1930 e a cultura. In: _____. *A educação pela noite e outros ensaios*. São Paulo: Ática, 1987.

_____. *Ficção e confissão*: ensaios sobre Graciliano Ramos. São Paulo: Editora 34, 1992.

_____. Os bichos do subterrâneo. In: *Tese e antítese*. São Paulo: Nacional, 1964.

_____. *Formação da Literatura Brasileira*. São Paulo: Edusp, 1981. vol. 2.

_____. *Literatura e sociedade*. São Paulo: Nacional, 1965.

CANDIDO, A.; ROSENTHAL, A.; PRADO, D. de A; GOMES, P. E. S. *A personagem de ficção*. São Paulo: Perspectiva, 1974.

CARPEAUX, O. M. Visão de Graciliano Ramos. In: RAMOS, G. *Angústia*. (prefácio). Rio de Janeiro: Record, 2004.

CARVALHO, A. L. C. *Foco narrativo e fluxo de consciência*: questões de teoria literária. São Paulo: Pioneira, 1981.

CARVALHO, L. H. *A ponta do novelo*: uma interpretação de Angústia, de Graciliano Ramos. São Paulo: Ática, 1983.

CASTRO, G. *Uma análise bakhtiniana do discurso citado em* Infância *e* São Bernardo *de Graciliano Ramos*. 2001, 146 f. Tese (Doutorado em Estudos Linguísticos) – Faculdade de Filosofia, Letras e Ciências Humanas, Universidade de São Paulo, São Paulo, 2001.

CITELLI, A. *Linguagem e persuasão*. São Paulo: Ática, 1986.

COUTINHO, C. N. Graciliano Ramos. In: _____. *Literatura e humanismo*: ensaio de crítica marxista. Rio de Janeiro: Paz e Terra, 1967.

_____. Uma analise estrutural dos romances de Graciliano Ramos. *Revista Civilização Brasileira*. São Paulo, Editora Brasiliense, n. 5-6, ano 1, março 1996.

DANTAS, V. *Bibliografia de Antonio Candido*. São Paulo: Duas Cidades; Editora 34, 2002.

DURIGAN, M. *Do verbo ao texto*: uma leitura de *Caetés*, *São Bernardo* e *Angústia*. Assis, 1995. Tese (Doutorado em Teoria Literária) – Universidade Estadual Paulista, Faculdade de Ciências e Letras de Assis, 1995.

ECO, U. A mensagem persuasiva. In: _____. *A estrutura ausente*: introdução à pesquisa semiológica. Trad. Pérola de Carvalho. São Paulo: Edusp/Perspectiva, 1971.

FILHO, A. *O romance brasileiro de 30*. Rio de Janeiro: Bloch, 1969.

FIORIN, J. L. *O regime de 1964*. São Paulo: Atual, 1988.

_____. *Elementos de análise do discurso*. São Paulo: Contexto, 1996.

_____. *As astúcias da enunciação*: as categorias de pessoa, espaço e tempo. São Paulo: Ática, 1999.

_____. *Introdução ao pensamento de Bakhtin*. São Paulo: Ática, 2006.

FORSTER. E. M. *Aspectos do romance*. Trad. Maria Helena Martins. Porto Alegre: Globo, 1969.

FRYE, N. *Anatomia da crítica*. Trad. Péricles Eugênio da Silva Ramos. São Paulo: Cultrix, 1973.

GENETTE, G. *Discurso da narrativa*: ensaio de método. Trad. Fernando Cabral Martins. Lisboa: Arcádia, s. d.

GLEDSON, J. A narrativa. In: _____. Machado de Assis: impostura e realismo. São Paulo: Companhia das Letras, 1991.

GOLDMANN, L. A sociologia do romance. Trad. Álvaro Cabral. Rio de Janeiro: Paz e Terra, 1976.

GREIMAS, A. J.; COURTÉS, J. Dicionário de semiótica. Trad. Alceu Dias Lima et al. São Paulo: Cultrix, 1983.

HUTCHEON, L. Narcissistic narrative: the metafictional paradox. New York e London: Methuen, 1984.

JUBRAN, C. C. A. S. A posse do discurso em São Bernardo. Revista de Letras UNESP, São Paulo, Editora da Unesp, v. 23, 1983.

KIERKEGAARD, S. O conceito de ironia. Petrópolis: Vozes, 1991.

LAFETÁ, J. L. O mundo à revelia. (posfácio) In: RAMOS, Graciliano. São Bernardo. 24. ed. São Paulo: Martins, 1975. p.173-97.

LEITE, L. C. M. O foco narrativo. São Paulo: Ática, 1985.

LIMA, L. C. A reificação de Paulo Honório. In: _____. Por que literatura. Petrópolis: Vozes, 1969.

LINS, A. Valores e misérias das vidas secas. In: _____. Os mortos de sobrecasaca: obras, autores e problemas da literatura brasileira. Rio de Janeiro: Civilização Brasileira, 1963.

LUKÁCS, G. Teoria do romance. Trad. Alfredo Margarido. Lisboa: Presença, s. d.

MACHADO, I. A. O romance e a voz: a prosaica dialógica de M. Bakhtin. Rio de Janeiro; São Paulo: Imago; Fapesp, 1995.

MAINGUENEAU, D. Pragmática para o discurso literário. Trad. Marina Appenzeller. São Paulo: Martins Fontes, 1996a.

_____. Elementos de linguística para o texto literário. Trad. Maria Augusta Bastos de Matos. São Paulo: Martins Fontes, 1996b.

_____. Novas tendências em análise do discurso. Trad. Freda Indursky. Campinas: Pontes, 1997.

MARINHO, M. C. N. A imagem da linguagem na obra de Graciliano Ramos. São Paulo: Humanitas, 2000.

MOOG, V. C. Heróis da decadência: Petrônio, Cervantes, Machado de Assis. Porto Alegre: Globo, 1939.

MOTTA, S. V. O Engenho da narrativa e sua árvore genealógica: das origens a Graciliano Ramos e Guimarães Rosa. São Paulo: Ed. da Unesp, 2006.

MOURÃO, R. A estratégia narrativa de São Bernardo. In: BRAYNER, S. (org.). Graciliano Ramos. Rio de Janeiro: Civilização Brasileira, 1978.

MUECKE, D. C. A ironia e o irônico. Trad. Geraldo G. Souza. São Paulo: Perspectiva, 1995.

NESTROVSKI, A. *Ironias da modernidade*. São Paulo: Ática, 1996.
PÓLVORA, H. Retorno a Graciliano. In: BRAYNER, S. (org.) *Graciliano Ramos*. Rio de Janeiro: Civilização Brasileira, 1978.
RAMOS, G. *São Bernardo*. 73ª ed. Rio de Janeiro, Record, 2001.
_____. *Angústia*. 57ª ed. Rio, São Paulo: Record, 2004.
_____. *Caetés*. 11ª ed. Rio de Janeiro: Record, 1975.
_____. *Infância*. 10ª ed. São Paulo: Martins, 1974.
_____. *Insônia*. 26ª ed. Rio de Janeiro: Record, 1997.
_____. *Vidas secas*. 97ª ed. Rio de Janeiro: Record, 2005.
REIS, C.; LOPES, A. C. M. *Dicionário de teoria da narrativa*. São Paulo: Ática, 2002.
ROUANET, S. P. Os choques da civilização. *Folha de S. Paulo*, 3/out/2004, Mais!, supl. p.11-3.
SCHWARZ, R. *Um mestre na periferia do capitalismo*: Machado de Assis. São Paulo: 34, 2000.
_____. *Ao vencedor as batatas:* forma literária e processo social nos inícios do romance brasileiro. São Paulo: Duas Cidades, 1977.
TEZZA, C. *Entre a prosa e a poesia:* Bakhtin e o formalismo russo. Rio de Janeiro: Rocco, 2003.
TOMACHEVSKI. Temática. In: *Teoria da Literatura:* formalistas russos. Trad. Ana Maria Ribeiro Filipouski et al. Porto Alegre: Globo, 1976.

SOBRE O LIVRO

Formato: 14 x 21 cm
Mancha: 23,7 x 42,5 paicas
Tipologia: Horley Old Style 10,5/14
Papel: Offset 75 g/m² (miolo)
Cartão Supremo 250 g/m² (capa)
1ª edição: 2012

EQUIPE DE REALIZAÇÃO

Coordenação Geral
Marcos Keith Takahashi

Impressão e Acabamento:
psi 7
Printing Solutions & Internet 7 S.A